PLURAL 1871

HÉLÈNE

ET

ROBERT,

OU

LES DEUX PÈRES.

Desmaisons del.   Bovinet Sc.

Le seul Robert sent toute l'horreur de ce moment

HÉLÈNE

ET

ROBERT,

OU

LES DEUX PÈRES.

Par Madame GUÉNARD, Auteur
d'*Irma*, des *Mémoires de la
princesse Lamballe*, etc.

TOME PREMIER.

Prix 3 et 4 fr. franc de port.

A PARIS,

Chez Desrosiers, libraire, rue Baillif,
Nº. 5, près la place des Victoires.

A N X. (1802.)

Je place la présente Édition sous la sauve-
garde des lois et de la probité des citoyens.
Je déclare que je poursuivrai devant les tri-
bunaux tout *contrefacteur, distributeur ou débitant* d'Édition contrefaite ; j'assure même
au citoyen qui me fera connoître le *contrefacteur, distributeur ou débitant*, la moit'
du dédommagement que la loi accorde.

HÉLÈNE

ET

ROBERT,

OU

LES DEUX PÈRES.

CHAPITRE PREMIER.

La-Veillée.

DANS les montagnes du Dauphiné,
près Gap, il y a un village nommé
Valarçon, que les hauteurs qui l'environnent, semblent séparer du reste de
la terre; on ne peut y pénétrer que
par des défilés connus des seuls habitans du pays. Dans ce lieu, la vallée
paroît d'autant plus profonde, que des
marroniers, dont les cimes se perdent

dans les nuées, croissent sur la crête des montagnes , tapissées d'une pelouse toujours verte, et où l'on voit paître des brebis et des chèvres; plus bas, dans de belles prairies, s'engraissent de nombreux troupeaux de bœufs, qui viennent se désaltérer à un ruisseau limpide, bordé de peupliers et de saules, dont la feuille légère, et d'un verd grisâtre, contraste avec les masses imposantes et les sombres teintes des rameaux touffus du marronier; ce ruisseau, suspendu dans son cours, fait tourner des moulins qui animent ce site enchanteur, où l'on ne voit que quelques champs de maïs et d'avoine, seule récolte de ses pauvres habitans; mais ils mangent gaîment le pain noir qu'elle leur procure, parce que leurs cœurs sont exempts de desirs et de remords.

Déjà les vents du Nord avoient dé-
pouillé les arbres de leurs parures, et
la neige, tombant par flocons, avoit
forcé les hommes à chercher, sous
leurs toîts rustiques, un abri contre
les frimats, pour eux et leurs troupeaux. Les ténèbres, qui pendant l'hiver couvrent nos contrées près de seize
heures sur vingt-quatre, et enchaî-
nent, dans les bras du sommeil, tous
les êtres animés, ne sont dissipées que
par l'homme, dont l'art a su emprun-
ter la lumière à la nature. Loin que
ces longues nuits demeurent inutiles,
souvent elles voient éclore les produc-
tions les plus intéressantes du génie;
c'est encore dans ces nuits, rendues
par l'industrie humaine plus brillantes
que le soleil, que les habitans des villes
cherchent envain, au milieu des fêtes,
des spectacles et des bals, le plaisir que

ceux des hameaux trouvent dans leurs veillées.

Celle de Valarçon se tenoit chez la mère Marguerite, qui avoit vu près de cent printems, et conservoit encore toutes les facultés d'une ame forte; à peine son extérieur annonçoit-il de la vieillesse. Veuve d'un forgeron depuis quarante ans, sa nombreuse famille s'étoit répandue dans plusieurs provinces de la France. Ceux de ses enfans qui étoient restés avec elle, avoient payé le tribut que tout être doit à la nature; et leurs fils, qu'ils avoient établis dans les environs, ne pouvant, à la mort de leurs parens, quitter leurs maisons pour venir demeurer avec leur aïeule, l'avoient donc engagée à venir habiter chez l'un d'eux; mais elle aimoit le lieu qui l'avoit vu naître, et leur répondit :

Quand on transplante un ormeau, il languit un instant , puis s'accoutumant au terrein , il devient un arbre vigoureux ; mais si vous essayez d'arracher un vieux chêne au sol où il a acquis sa croissance , il périt dès la même année : de même ; dans votre jeunesse, mes enfans, vous avez pu abandonner Valarçon pour former des établissemens utiles ; mais moi, si je m'en éloignois, je sens que ce seroit le terme de ma longue carrière, et que, privée de l'espoir d'être réunie aux restes de votre père, ma mort seroit bien douloureuse. Ils n'insistèrent donc point ; seulement ils s'arrangèrent entr'eux pour venir, chacun à leur tour , soigner cette respectable mère. Ils n'avoient jamais manqué à ce devoir, jusqu'au jour où ils furent remplacés par la charmante et jeune

1 *

Hélène, qui vint se fixer près de la
bonne Marguerite. C'étoit la petite
fille d'un de ses fils qui étoit devenu
meûnier de Lieursaint, en épousant
la fille du fils de Michaut. Il avoit hé-
rité de ce moulin si fameux, pour
avoir servi d'asyle au meilleur des rois.
Il étoit le plus jeune des fils de Marguerite; et le desir de voir du pays
l'avoit conduit jusqu'auprès de Fon-
tainebleau. Il y vit Fanchette, fille du
meûnier. L'amour le décida à se présenter comme garde-moulin. Il plut à
Fanchette; et son père la lui donna
en mariage avec tout ce qu'il possé-
doit. Quoiqu'éloigné, Pierre Herbin
n'oublia jamais ses parens; il en parloit sans cesse à son fils unique Jacques, qui, sans la connoître, chérissoit
sa grand'mère. Ils lui écrivoient tous
les ans à la nouvelle année et au jour

de sa fête. Jacques se maria, et eut
beaucoup d'enfans, entr'autres Hélène, qui étoit jolie tout ce qu'il étoit
possible de l'être. On lui avoit toujours
vanté Valarçon; et sa bisaïeule, sachant qu'elle étoit seule, et n'ayant
elle-même aucun lien, puisque l'enfant dont elle étoit accouchée il y avoit
environ deux mois, n'avoit plus de
père, elle se décida à partir pour le
Dauphiné avec son fils, afin de soigner
les derniers jours de la bonne Marguerite, qui, enchantée de la voir, le
lui témoigna avec une sensibilité qui
captiva le cœur aimant d'Hélène; aussi
partagea-t-elle toutes ses affections entre son aïeule et son fils, qu'elle nour-
rissoit; on n'eût pu dire qui des deux
elle soignoit avec le plus de zèle, s'ac-
quittant de ces devoirs respectables
d'une manière étonnante pour son

âge, car elle avoit au plus quinze ans.
Un mois s'étoit écoulé, et les derniers
beaux jours de l'automne avoient fui
devant les frimats de l'hiver.

Comme Marguerite avoit dans sa
maison un long souterrain creusé dans
le roc, qui lui servoit d'étable, ses voisins s'y réunissoient le soir, tant parce
qu'il étoit spacieux, que parce que
tous aimoient cette bonne femme, la
plus riche du pays, et qu'elle n'auroit
pu sortir de chez elle. On lui avoit,
sur une espèce d'estrade, placé un
grand fauteuil d'osier bien rembouré,
et jamais elle n'étoit venue s'y asseoir
avec autant de plaisir que depuis
qu'elle se soutenoit sur les bras d'Hélène, qui se plaçoit à ses côtés, ayant
son enfant dans un berceau à ses
pieds, et les autres femmes prenoient

ensuite leur place autour de Marguerite.

La bonne mère mettoit ses lunettes,
lisoit quelques morceaux de la Bible
qu'elle leur expliquoit; puis elle disoit:
Présentement, amusez-vous, mes enfans; et, entonnant d'une voix assez
forte le premier couplet de cette ronde, chacune en répétoit le refrein.

RONDE.

Dans les jours de la jeunesse,
Le plaisir suit tous nos pas,
C'est l'instant de la tendresse ;
Mais craignez bien les faux pas :
L'amour déployant ses aîles,
En lançant un trait vainqueur,
Semble se rire des belles,
Dont il a blessé le cœur.

J'ai vu la jeune Thémire
Aussi fraîche qu'un beau jour,
Elle charmoit d'un sourire
Tous les bergers d'alentour ;
Mais un d'eux pour la surprendre,
L'enchaîna, dit-on, de fleurs,

Et n'ayant pu se défendre,
Elle verse envain des pleurs.

D'un amant le doux langage,
Mes enfans, est bien trompeur;
Craignez qu'il ne vous engage
A lui livrer votre coeur :
Que l'exemple de Thémire
Se présente à vous souvent ;
Car le serment du délire
Est léger comme le vent.

Un soir, Justine dit à Marguerite:
Il y a plusieurs jours que vous nous
avez promis une histoire de revenant,
que vous dites qui est bien vraie,
puisque c'étoit le curé qui l'avoit con-
tée à votre grand-père. — O! oui,
elle est bien vraie; mais elle vous fera
peur, je vous en préviens; car lorsque défunt mon grand-père nous la
racontoit, nous en avions pour huit
jours à faire des rêves si terribles,
que l'on nous entendoit crier dans
nos lits, ni plus ni moins que si on
nous étrangloit.

CHAPITRE II.

Le Revenant.

Toutes celles qui étoient à la veillée dirent que, deussent-elles ne pas
dormir de trois mois, elles vouloient
entendre l'histoire; et laissant là leur
rouet, dont le bruit monotone les empêcheroit d'entendre la bonne vieille,
les yeux fixés sur elle, elles gardèrent
le plus profond silence, ressentant
d'avance l'effroi que devoit leur causer
ce terrible récit.

Dans les montagnes d'Ecosse, c'est
bien loin d'ici, car il faut traverser
toute la France, puis la mer et toute
l'Angleterre: mais n'importe, à l'histoire, elle n'en est pas moins vraie;
car le curé, qui l'a dite à feu mon

grand-père, étoit Irlandais, et enfant-
de-chœur dans la chapelle où cette
tragique aventure est arrivée, environ
cent ans avant ; mais on la tenoit de
tradition , et la tradition ne ment
jamais.

Il y avoit un báronnet qui avoit une
belle femme, dont il étoit passionné-
ment amoureux, et encore plus jaloux, et d'autant plus à tort, qu'elle
étoit aussi sage que belle. Mais comme
depuis son mariage , elle étoit toujours
triste et mélancolique, cherchant la
solitude, et ne faisant entendre que des
chants douloureux, fuyant les plaisirs, et ne se prêtant aux transports
de son époux que comme le devoir l'y
obligeoit , il étoit persuadé qu'elle avoit
amour dans le cœur pour un autre
que lui. Cependant, il ne venoit personne au château, où elle étoit en-

tourée le jour de ses demoiselles et de
ses écuyers, qui, tous dévoués au baronnet, ne se seroient prêté à rien qui
eût porté atteinte à son honneur :
pour la nuit, il la passoit toujours
dans son lit. Afin de ne pas la perdre
de vue, il avoit quitté le service, et ne
faisoit nulle absence de chez lui, où
l'amour et la jalousie l'enchaînoient. Il
épioit ses soupirs ; et s'il voyoit ses
beaux yeux abbatus par la douleur,
il envioit le sort de ce rival heureux
qui occupoit sa pensée. Envain Mélinde, c'étoit le nom de la femme du
baronnet, s'efforçoit à cacher le chagrin qui la faisoit mourir ; elle ne pouvoit le vaincre. Chagrins d'amour, je
m'en souviens encore, sont bien difficiles à cacher. Arbuthnot avoit l'ame
dure et féroce ; on ne savoit comment
il avoit aimé sa femme, lui qui, jus-

qu'à cinquante ans, n'avoit trouvé
nul objet qui pût l'asservir; mais si
les charmes de Mélinde enflammoient
ses sens, ses douces vertus n'avoient
nul empire sur son ame. Il ne croyoit
point qu'il y eût de femme fidèle, et
en cela, il avoit grand tort; et il ne
comptoit se garantir du malheur d'être
trompé, qu'en veillant sans cesse la
sienne; et en cela, il avoit encore plus
tort, car on sait que contrainte éveille
le desir de changer : mais Mélinde
n'en avoit pas la pensée; et quoiqu'elle
trouva son époux vieux, laid et méchant, elle n'en voyoit pas moins les
autres hommes avec une parfaite in-
différence.

Un seul, un seul avoit eu des droits
sur ce cœur noble et sensible. Mais
il avoit trahi ses sermens, et la pauvrette envain l'avoit attendu deux ans

avant de consentir à épouser le baronnet. Le beau chevalier n'étoit point
revenu : faut-il s'en étonner; il étoit
Français, et Français et volage, c'est
tout un. Mais, si son absence et son
manque de foi donna la force à Mélinde d'obéir à son père, et d'épouser
le baronnet, son cœur resta toujours
à l'infidèle : elle l'avoit aimé, et n'aimoit toujours que lui. Sois tranquille,
Arbuthnot, l'amour de Mélinde pour
Homfrède, la défend mieux que tes
tourelles, tes ponts-levis, tes damoi-
selles et tes écuyers; et si Homfrède
ne revient jamais en Ecosse, jamais
plaisirs d'amour ne troubleront ton
hymen. Il ne lui restoit, de son amant,
qu'un bracelet de ses cheveux, et la
promesse, qu'il lui avoit signée de son
sang, qu'il viendroit la demander en
mariage à ses parens avant que l'an-

née fut expirée; elle avoit compté les jours, les mois de cette année, et Homfrède n'étoit pas revenu ; deux autres passèrent encore, et il ne vint point. Enfin, comme je crois vous l'avoir déjà dit, mais à mon âge on se répète, elle épousa Arbuthnot, et trois fois le printems avoit paré les bois qui couvroient son antique château, sans que le chant du rossignol eût pu suspendre ses douleurs. L'orgueil peut nous forcer à punir un infidèle, mais non à l'oublier. Tous les jours, avant que son époux fut levé, elle alloit s'enfermer dans la chapelle, où elle avoit caché, dans un pan de boiserie, le bracelet et la promesse d'Homfrède. Elle baisoit l'un, relisoit l'autre, accusoit et justifioit tour-à-tour son amant, faisoit des vœux pour son

bonheur, et disoit : Il n'en est point
pour Mélinde sans lui.

Trois ans donc se passèrent ainsi:
et Arbuthnot, tonjours plus farouche,
et Melinde, toujours plus triste, mon-
troient combien sont malheureux les
grands qui se marient comme ils
achètent un château, parce que c'est
utile à leurs projets ambitieux. Ils n'a-
voient point encore eu d'enfans, au
grand chagrin du Baronnet, qui étoit
le dernier de son nom; à la grande satisfaction de Mélinde, dont le cœur,
navré par l'amour, n'avoit aucun
desir de voir resserrer ses liens avec
un homme qui étoit son tyran plus
que son époux. Cependant, elle eut
des indices certains que la nature, en
dépit de son cœur, alloit la rendre
mère; et elle étoit dans le second mois
de sa grossesse, lorsqu'une nuit elle

entendit de l'autre côté des larges
fossés qui entouroient le château ,
chanter ce Lais :

L A I S.

D'un troubadour écoutez la romance ;
Fidélité fut sa suprême loi ;
Il revenoit pour dégager sa foi ;
Las ! que lui sert amour tendre , constance,

Chez la beauté qui le tient en servage ,
Il accouroit le cœur rempli d'espoir :
Il se disoit ; bientôt je vais la voir :
Je l'aime trop pour qu'elle soit volage.

O troubadour ! quelle fut ta tristesse ,
Quand on te dit qu'elle a pris pour époux,
Riche baron , aussi fier que jaloux,
Qui la retient dedans sa forteresse.

Larges fossés , tourelles menaçantes ,
Portes de fer , et soldats aguerris ,
Font le repos de ces méchans maris ,
Et le tourment de leurs femmes tremblantes.

Le troubadour veut au moins que sa dame
Sache qu'amour le ramène en ces lieux ,
Et si ces murs le cachent à ses yeux ,
Ses tristes chants parviennent à son ame.

Ce sont soupirs de tendresse éternelle,
Que le tombeau ne verra pas finir ;
En s'éloignant, troubadour peut mourir,
Mais non cesser d'aimer son infidelle.

La voix qui le chantoit étoit si
douce, elle retentissoit tellement dans
son cœur, qu'elle crut la reconnoître.
Dieux ! si c'étoit lui ! disoit-elle tout
bas. Ah ! plut au ciel que je me sois
trompée ! Homfrède ! cher Homfrède !
qui m'auroit dit que je te voudrois in-
constant ! Elle ne peut résister à s'assurer si c'est une illusion. Elle se lève
de son lit, où Arbuthnot dormoit
profondément; et s'approchant de la
fenêtre, elle apperçoit un soldat. Son
cœur palpite, elle chancelle et tombe
sur le carreau, entraînant, dans sa
chûte, un guéridon sur lequel étoit un
candélabre, qui font un tel bruit,
qu'Arbuthnot en fut éveillé. Je vous
dirai demain ce qui en arriva. Voilà

une heure qui sonne à l'horloge; il est tems d'aller coucher, il n'y a presque plus d'huile dans la lampe. Hélène et ses compagnes eurent beau la prier de finir, ou au moins de ne pas laisser la pauvre Mélinde sur le plancher, il n'y eut pas moyen. Quand Marguerite avoit dit quelque chose, elle n'en revenoit pas. Elle s'appuya sur le bras d'Hélène, qui, de l'autre, tenoit son enfant. Marguerite souhaita une bonne nuit à ses voisines, et alla se coucher. Hélène pensa à Mélinde, au jeune soldat, et se dit : Qu'il est douloureux, à seize ans, de renoncer à l'amour !

CHAPITRE

CHAPITRE III.

Le Lendemain.

Il faisoit encore jour, que toutes les femmes du village, qui avoient pressé leurs travaux ou les avoient fait à moitié, étoient réunies dans le souterrain de Marguerite, qu'Hélène engageoit à s'y rendre, tant elle desiroit de savoir ce qui étoit arrivé dans le château; mais la grand'mère ne vint pas à la veillée une minute plus tôt qu'à l'ordinaire. On l'auroit bien dispensé des versets de la bible, et de la ronde. La bonne femme, qui étoit méthodique, n'en passa pas un couplet; et comme elle ne continuoit pas l'histoire, toutes les femmes se regardoient, et disoient: Est-ce que nous

ne saurons pas la fin? Hélène, s'ap-
puyant sur ses genoux, lui dit: Eh
bien! ma mère, qu'est-ce que fit donc
ce cruel Arbuthnot, quand il fut
réveillé. Ce qu'il fit, reprit la vieille,
je ne m'en souviens pas; mais laissez
faire, cela va venir. A mon âge, on
oublie ce qu'on a dit un quart-d'heure
avant, mais on se rappelle sans peine
tout ce qu'on a su de jeunesse.

Je vous disois donc que le bruit
que Mélinde avoit fait en renversant
le guéridon et le candélabre, réveilla
son époux, qui, croyant que c'étoient
des voleurs, sauta sur son grand
sabre, qui étoit au chevet de son lit;
puis, tâtant et ne trouvant pas Mélinde, eut une bien autre frayeur. Il
sort de son lit, en l'appelant à haute
voix; mais la pauvrette ne l'entend
pas. Il marche à grands pas dans la

chambre, pour gagner la porte, et s'assurer si elle est fermée; mais, s'embarrassant dans les meubles qui sont à terre, il tombe, et se fait une large blessure au front. Son sang, qu'il sent couler, le rend furieux; il se débat, saisit le bras de sa femme, qu'il secoue avec violence, lui demandant ce qu'elle faisoit ainsi par terre, et pourquoi elle est sortie de son lit. Mais Mélinde, toujours évanouie, ne lui répond pas. Alors l'amour faisant place à la colère, il croit qu'elle est morte. Il l'attire près de lui; et la trouvant froide et insensible, son effroi redouble. Il oublie tout pour ne s'occuper que de Mélinde. Il appelle à grands cris. Sa voix retentit dans les vastes galeries du château: les valets accourent; mais la porte est fermée en dedans. Il ne peut se lever pour l'ouvrir. Il ordonne

qu'on l'enfonce, et bientôt la chambre
èst remplie d'hommes et de femmes
portant des flambeaux. Le bruit qu'ils
font en entrant, l'éclat de la lumière,
rappellent les sens de l'épouse du baronnet, qui, voyant son mari couvert
de sang, s'écrie : Ciel ! vous êtes blessé !
il est donc mort ! où est-il ? Et elle re-
tomba sans connoissance. Ces mots,
qui, par tout autre, eussent dû être
pris pour l'effet d'un violent délire,
parurent, à Arbuthnot, une convic-
tion de son déshonneur ; et, passant encore de la compassion à la rage, il ordonne qu'on la porte dans la tour, et
qu'on parcourût tout le château pour
savoir s'il n'y avoit personne de caché ; et qu'aussitôt qu'il seroit pris,
on le lui amenât chargé de chaînes.
Mélinde, transportée dans cette horrible tour, fut confiée aux soins de

la nourrice d'Arbuthnot, qui étoit presqu'aussi vieille que moi, mais dont l'ame n'avoit point été endurcie par les années, ce qui n'arrive que trop. — Ah! vous prouveriez bien le contraire, lui dit Hélène en prenant sa main qu'elle pressoit de ses lèvres; qui vaut mieux que vous? Qui est plus sensible? — Il faut en convenir, reprit la vieille, je le suis encore, mais pas tant que dans ma jeunesse. Il faut l'avoir été beaucoup trop, pour le rester assez.

Mais enfin, la bonne nourrice aimoit Mélinde infiniment plus que son vieux nourrisson. Elle employa tous ses soins pour la faire revenir, et plus encore pour calmer l'effroi que devoit lui causer de se trouver dans ce triste séjour. La belle dame ne savoit si elle rêvoit, ou si quelqu'esprit malfaisant l'avoit transportée dans cette sombre habitation, car le jour n'y pénétroit que par des fenêtres grillées, à quinze pieds de hauteur. Enfin, reconnoissant Gertrude, elle la pria de rappeler à sa mémoire les événemens qui avoient précédé son emprisonnement. Nous les ignorons , dit la bonne femme; mais nous vous avons trouvée, avec monseigneur , couchés par terre; lui, avec une grande plaie au front, et vous étiez sans connoissance, les meubles renversés par la chambre. — Ah! je me souviens ; je m'étois levée, parce qu'une douce, bien douce voix, avoit retenti à mon oreille; et, à la pâle lumière de la lune, j'ai cru voir un soldat qui ressembloit.....; mais non, depuis six ans il est mort, je n'en puis douter. C'est peut-être son esprit, dit la vieille, qui est venu vous visiter;

mais vous dites qu'il chantoit, et je n'ai jamais entendu dire que les esprits chantassent. — O! il chantoit, j'en suis bien sûre. — Mais, monseigneur l'a donc entendu. — Je ne crois pas ; mon époux dormoit quand je me suis levée, et je ne me suis levée que lorsqu'il ne chantoit plus. — Mais il l'aura vu ; et où étoit-il ? — De l'autre côté des fossés. — Il ne l'a pas vu, madame, car c'est dans le château qu'il a dit qu'on le cherchât ; et puis il ne s'est fâché que lorsque vous avez dit, en sortant de votre pamoison, vous êtes blessé ? il est donc mort ! où est-il ? — Ah ! ciel ! est-il possible que je me sois ainsi trahie ? Ah ! ma bonne, n'ayez pas mauvaise opinion de moi : je vous jure que je suis innocente ; que je n'ai point manqué à monseigneur et époux ; et que s'il mé fait mourir, ce sera bien injustement, moi et son enfant.— Mais, dites-moi donc, ma très-honorée dame, quel est ce soldat ?— Si vous me promettez de ne me pas trahir, je vous raconterai l'histoire de mes amours, ou plutôt de mes malheurs. Gertrude le lui promit ; et Mélinde lui raconta ce que je vous ai dit. La nourrice prit grand part à ses douleurs, et lui promit de savoir si c'étoit son amant, ou l'esprit de son amant qui étoit venu chanter le lais. Il fut ensuite convenu que si son mari l'interrogeoit, ou la faisoit interroger, elle ne répondroit que des mots sans suite, qui lui persuaderoient que ce qu'elle avoit dit, étoit un effet de démence.

Cependant, Arbuthnot, relevé par ses gens, et reporté dans son appartement, se fit panser, pendant qu'on faisoit les perquisitions les plus exactes ; et on ne trouva rien, ce qui mit le baron dans une grande fureur. Qu'on m'aille chercher la nourrice, dit-il, qu'elle me dise ce qu'elle aura remarqué. La bonne femme Gertrude vint, et assura que madame Arbuthnot avoit une terrible fièvre, ou qu'elle avoit perdu l'esprit ; car, tenez, monseigneur, elle dit des choses qui n'ont pas le sens commun. Ne vouloit-elle pas tout-à-l'heure que je m'en allasse pour venir vous donner à têter ; puis elle me demandoit si j'avois fait votre bouillie ; ensuite elle parloit de voleur, d'esprits : que sais-je ? il faut que vous lui ayez fait quelque peur ? — Non, je te jure, nourrice, elle s'est levée pendant que je dormois. — C'est qu'entre nous soit dit, mon cher fils, malgré tout le respect que je vous dois, vous

2 *

êtes par fois tant peu colère. — Je te
dis que je dormois. — Pardon ; mais
c'est qu'il me paroît impossible que,
sans quelque frayeur, elle ait si vîte
perdu l'esprit. — J'irai l'interroger.
Gertrude revint auprès de la pauvre
dame : peu lui importoit la colère de
son mari ; mourir quand on est malheureux, est s'endormir après un long
et pénible chemin ; mais lui importoit
beaucoup de savoir ce qu'étoit devenu
le soldat. Gertrude, sous prétexte
d'aller au village prochain, où demeuroit son frère, partit sur la brune ; et
passant par un bois près du château,
elle apperçut un beau jeune homme
qui dormoit sous un chêne ; son cas-
que étoit posé à côté de lui, et il tenoit
son épée. La vieille se douta que ce
devoit être le soldat ; et se ressouvenant
des deux derniers vers du lais que la

femme du baron lui avoit appris, elle
chanta :

En s'éloignant, troubadour peut mourir,
Mais non cesser d'aimer son infidelle:

Homfrède, reconnoissant le lais
qu'il avoit composé, et dont l'air l'a-
voit réveillé, se frotte les yeux, et est
bien étonné de l'entendre sortir d'une
bouche flétrie par les années.

Bonne mère, lui dit-il, qui vous a
appris ce refrein ? Une belle et malheureuse dame, pour qui vous l'aviez
composé. — Dieux ! seroit-il possible !
l'ingrate m'a donc entendu ? Et Gertrude lui raconta tout ce qui s'étoit
passé dans le château ; et la colère
d'Arbuthnot, et la douleur de Mélinde,
et la croyance où elle étoit que c'étoit
son ombre qui lui avoit apparu. Homfrède, en sachant qu'il étoit encore

aimé, éprouva une grande joie; mais
la pensée que l'objet de ses plus chères
affections étoit au pouvoir d'un autre,
le faisoit mourir. Oh! ma bonne mère,
disoit-il à Gertrude, si je pouvois seulement la voir un moment, un seul
moment, je serois le plus heureux des
hommes! — Que me proposez-vous,
beau chevalier; savez-vous qu'il y va
de votre vie, de celle de ma très-honorée
dame, et de celle de votre servante.
Monseigneur Arbuthnot ne s'en feroit
pas le plus léger scrupule. Si vous
aviez vu dans quelle fureur il étoit.
N'importe, ma chère Gertrude, il faut
que je voie Mélinde, où que je meurs.
— Il faut attendre qu'elle ne soit plus
dans la tour; il me vient une idée que
je vous communiquerai d'ici à quelques jours. — Mais quand saurai-je
celui où je pourrai vous voir? — D'ici

à trois jours; et la vieille le quitta. Et
moi je quitte aussi l'histoire de Mélinde,
car je suis fatiguée : demain nous la
finirons.

CHAPITRE IV.

Le Soldat.

Même empressement d'Hélène et de ses compagnes dese rendre à la veillée, même lenteur de la bonne Marguerite à commencer son récit. Enfin, elle dit à Hélène : Où en étois-je restée? — A la promesse de Gertrude de venir rejoindre le beau chevalier.

Quand elle l'eût quitté, elle vint retrouver Mélinde, qui ne pouvoit concevoir qu'Homfrède eût pu être six ans sans revenir en Écosse; et comment il revenoit comme simple soldat, et plus amoureux que jamais. Elle se fâcha beaucoup de ce que la nourrice avoit promis un rendez-vous, et, au fond de son cœur, de ce qu'elle le

croyoit impossible. Vertu parloit bien
haut, amour se taisoit ; mais amour
n'en étoit pas moins le plus fort. Je ne
vous dirai point tout ce qui se passa
lorsque le baronnet vint à l'interroger ;
et comme Mélinde contrefit l'insen-
sée, de manière que le méchant seigneur se persuada que tout ce qui
étoit arrivé, la nuit, ne tenoit qu'au dé-
rangement de la raison de sa femme,
que les médecins appelés dirent être
causé par son état de grossesse, et ne
finiroit qu'après ses couches. Alors il
la fit ramener dans son appartement ;
et comme elle feignoit ne vouloir souffrir auprès d'elle aucune de ses demoiselles et écuyers, et encore moins
son époux, il ordonna à Gertrude de
ne pas la quitter d'un pas. Elle l'accompagnoit donc à la chapelle, où, comme
je l'ai dit, Mélinde alloit tous les ma-

tins. Elle ne lui parloit plus de revoir
Homfrède, et Mélinde n'osoit lui demander ce qu'il étoit devenu. La bonne
nourrice s'étoit bien rendue dans le
bois au jour indiqué ; ce qu'elle avoit
dit au chevalier, vous allez bientôt le
savoir. N'avez-vous jamais été dans la
chapelle souterraine , où reposent les
ancêtres de monseigneur , dit Gertrude ? Jamais , reprit Mélinde. — Et
bien, demain je veux vous y conduire,
et dans les souterrains qui y communiquent. — Et pourquoi pas au-
jourd'hui ? — Non , demain ; je n'ai
pas les clefs. Mélinde attendit ce lendemain avec un empressement extrême, ayant quelque doute du projet
de la bonne vieille ; mais se gardant
bien de le lui dire, parce que l'honneur
l'auroit obligée de s'opposer aux projets de la nourrice , elle ne dit donc

rien , et attendit le lendemain. On assure qu'elle se leva plutôt que de coutume, et n'alla pas de meilleure heure à la chapelle ; car jamais elle ne fut aussi long-tems à ajuster son vertugadin et son collet monté : les boucles de ses cheveux ne retomboient pas avec assez de grace sur son front ; et vingt fois elle ôta et remit sa toque, dont les plumes flottantes ne jouoient pas à son gré. Coquetterie et sagesse s'unissent quelquefois dans le cœur des femmes ; mais n'oubliez pas, mes enfans , qu'habitude de coquetterie finit par détruire la sagesse ; on n'a voulu que plaire , et on finit par aimer ; et aimer et tout sacrifier à l'objet qu'on aime, est si près l'un de l'autre !.. Mais n'en allez pas conclure que Mélinde ne resta pas vertueuse. Il y a exception à tout. La voilà donc belle

comme le plus beau jour , suivant
Gertrude à la chapelle , le cœur palpi-
tant , voulant et n'osant parler ; d'a-
bord, elle prie , ou du moins ses lèvres
prononcent les formules de prières,
mais y pense-t-elle , je vous le laisse à
imaginer ?... La vieille , qui sait que les
momens sont chers , lève une trape
qu'elle connoissoit , Mélinde descend
avec elle, des degrés que le tems et
l'humidité ont à moitié détruits ; mais
la vieille, qui a allumé sa lanterne à la
lampe de la chapelle , l'éclaire. Les
voilà dans le caveau où reposent les
Arbuthnot , depuis trois à quatre
cents ans. Leurs ombres sont troublées
en voyant descendre dans leur de-
meure la femme du dernier rejetton
de leur race , non pour leur rendre
hommage , car les morts lisent dans
nos pensées , mais pour y trouver son

ami. Mélinde crut entendre , et je
pense qu'elle ne se trompoit pas , un
murmure semblable au bruit loin-
tain des flots de la mer. Elle en fut
troublée ; mais Gertrude la rassura ,
en lui disant que ces morts deman-
doient des prières , et qu'en leur en
promettant , ils se tairoient. Mélinde
promit tout ce qu'on voulut ; que ne
promettroit-elle pas pour voir Homfrède ? Enfin, la porte des souterrains
s'ouvre. La vieille la referme sur elle,
peur de surprise ; et Mélinde est encore
plus persuadée que son ami n'est pas
loin. Elles n'eurent pas, en effet, avancé
quelques pas sous ces longues et té-
nébreuses voûtes , qu'elle apperçut
briller les armes d'Homfrède. Un fris-
son subit se glissa dans ses veines,
et elle faillit encore perdre la connoissance ; mais son ami la soutint , la ras-

sura; et oubliant un instant les liens
qui les séparoient pour jamais, ils
retrouvèrent le bonheur de leurs jeunes
années. Mélinde sut qu'Homfrède,
prisonnier en Allemagne, n'avoit pu
passer en Ecosse, et qu'aussitôt qu'il
avoit été libre, il étoit venu; et ayant
appris son mariage, il s'étoit engagé
dans un régiment Irlandois, qui partoit
pour la province d**; qu'il avoit erré
autour du château, et que n'y voyant
pas Mélinde, il avoit hasardé de chanter sous ses fenêtres. Elle ne pouvoit se consoler d'avoir douté de son
amant, et de s'être privée du bonheur
suprême d'exister pour lui. Il la pressa
de le suivre, de rompre des nœuds que
l'amour désavouoit. Mélinde rejeta
des offres dont son cœur ne lui repré-
sentoit que trop la douceur; et crai-
gnant qu'une longue absence n'éveillât

les soupçons, elle pressa Gertrude de
la reconduire; mais, au moment de se
séparer pour jamais de son amant,
la pauvre dame se sentit défaillir. Pour
lui, son désespoir ne peut se rendre;
et il fallut qu'elle lui promit de revenir
dans le souterrain, ne fut-ce qu'une
fois; et il lui jura que si elle le refusoit,
il alloit se tuer à ses yeux. Gertrude
pleuroit de le voir si affligé, et elle
pressa sa maîtresse d'accorder encore
cette faveur au chevalier, d'autant,
dit-elle, qu'il n'y a rien à craindre:
personne ne sait que ces souterrains
communiquent dans le bois. Je l'ai su
de mon grand-père, qui, seul, en étoit
instruit, et qui est mort il y a soixante
ans. Il est bien difficile de résister à
l'amant qui nous demande ce que le
cœur desire. Mélinde promit donc
de se laisser conduire par Gertrude;

et lui en prit bien mal, et à son amant d'y avoir consenti. Comme Homfrède devoit se rendre à dix lieues de là où étoit l'armée, afin de ne pas donner de soupçons par une trop longue absence, il fut convenu qu'ils ne se réuniroient que dans dix jours; et scellant, par un chaste baiser, la promesse de se revoir, les amans se séparèrent. Mélinde et la nourrice traversèrent le caveau; elles remontèrent dans la chapelle, dont elles trouvèrent les portes fermées, comme elles les avoient laissées, et furent persuadées que personne n'y étoit venu pendant qu'elles étoient avec Homfrède. Mélinde avoit bien plus de peine à dissimuler sa joie que sa tristesse; et les roses de l'espérance animoient les lis de la mélancolie, qui, depuis si long-tems, étoient répandues sur son teint.

Arbuthnot l'examinoit avec l'œil perçant de la jalousie ; il étoit aisé de voir qu'il ne croyoit plus à sa prétendue démence : cependant, il ne changea rien aux ordres qu'il avoit donnés à Gertrude. Celle-ci se rendoit toujours avec sa maîtresse à la chapelle, à l'heure accoutumée. Enfin, le dixième jour arriva; et Mélinde, en revoyant l'aurore, éprouva un pressentiment douloureux. Elle eut volontiers fait dire à Homfrède qu'elle n'iroit pas dans les souterrains : mais Gertrude ne pouvoit sortir sans être vue ; on pouvoit la suivre; il n'y avoit aucune raison non plus pour qu'elle allât seule à la chapelle; et puis ne plus revoir son ami, il croiroit qu'elle ne l'aime plus, et il en mourroit. Chagrins d'amour font plus souffrir dans le cœur de celui qu'on aime, que dans le sien même.

Gertrude lui dit que l'heure est son-
née, et que le chevalier doit être arrivé. Je le sais bien, dit Mélinde; mais
si mon époux alloit nous surprendre.
—Il n'y a pas le moindre danger. Elle
crut la vieille ; elles descendirent
dans le caveau, et entrèrent sous les
voûtes. Mais à peine ces tendres
amans s'étoient-ils donné des assurances de s'aimer jusqu'au dernier
soupir, qu'ils apperçurent une grande
lumière sous l'autre extrémité du souterrain. Mélinde, frappée d'effroi, se
jeta dans les bras d'Homfrède, et y
reçut la mort de son barbare époux,
qui, tombant à l'improviste sur ce
couple infortuné, les transperça de
son épée. Ils tombèrent tous deux
baignés dans leur sang, et leurs derniers regards se confondirent. Ainsi
finirent Mélinde et Homfrède, punis
par

par ce barbare, pour une imprudence
comme pour un crime; et cependant
sa rage n'est point assouvie; et sans
pitié pour la vieillesse de Gertrude,
sans reconnoissance pour les soins
qu'elle avoit eus de son enfance, il la
fait traîner hors du souterrain, et ordonne qu'on la pende à un grand
arbre qui en ombrageoit l'entrée;
mais avant qu'elle expirât, il lui dit:
Tu croyois, infernale séductrice, que
tes crimes, et ceux de ton infâme maîtresse, seroient ensevelis : mais je
suis entré dans la chapelle un jour
que ma perfide épouse, que je croyois
en prières, étoit avec ce scélérat; je ne
la trouvai point dans l'oratoire. Alors
je fis faire les plus grandes perquisitions, et on découvrit que ce souterrain communiquoit au bois; je l'ai fait
soigneusement garder depuis dix jours,

ét enfin je les ai pris au piège. Ils sont morts, et tu vas mourir. Ils sont morts innocens, reprit la vieille, j'en atteste le ciel; et tu as étouffé, dans le sein de ta malheureuse épouse, l'unique héritier de ton nom, car tu n'auras pas d'autre enfant; et tes jours seront plus douloureux que la mort. Nous reviendrons dans ces souterrains, nous y reviendrons, et nous ne te laisserons aucun repos. Il fit signe que l'on terminât son sort. Ses ordres furent exécutés; et elle fut enterrée dans les souterrains, avec Mélinde et son amant.

Arbuthnot se retira avec la joie féroce du tigre qui vient de déchirer sa proie; et ayant fait assembler ses juges, il leur ordonna de faire une procédure antidatée, qui condamnoit à mort Mélinde et son amant; la première, comme ayant été surprise en adultère

avec un soldat, lequel devoit, ainsi
que Gertrude leur complice, subir le
même sort. Les témoins furent en-
tendus, et l'arrêt fut censé exécuté
plus de trois jours après la mort de ces
infortunés. De cette manière, ce
monstre donna une forme légale à un
assassinat; mais si le baronnet se mit à
l'abri de la justice humaine, la justice
divine le persécuta jusqu'à son dernier soupir. Quarante jours après son
horrible action, on commença à entendre des gémissemens, qui partoient
des souterrains, semblables aux cris
d'un enfant nouveau né; puis, les mur-
mures de voix qui s'entretenoient ensemble, sans qu'on pût distinguer ce
qu'elles disoient. Arbuthnot ne vouloit pas le croire; mais étant entré dans
la chapelle, il s'en convainquit. Il fit
sceller la trape qui descendoit dans le

caveau, et boucha l'entrée du souterrain du côté du bois. Les cris redou-
bloient, ils ne laissoient pas un moment de repos. Les demoiselles, les
écuyers, qui avoient déposé contre
Mélinde, les entendoient sans cesse à
leurs oreilles; tandis que l'aumônier,
qui n'avoit pas voulu signer, n'entendoit rien. Mais au bout d'un an, cela
fut bien pis; flammes bleuâtres qui
parcouroient tous les appartemens du
château, sans rien brûler; bruits de
chaînes, tremblemens de terre qui dé-
truisirent la tour où Mélinde avoit été
enfermée; gouffre qui ensevelissoit des
troupeaux tout entiers, et dont il sor-
toit des tourbillons de fumée. Arbuthnot avoit beau faire dire des prières,
il sembloit qu'elles tournoient contre
lui. Enfin, il promit d'aller à Jérusa-
lem; mais il n'en fut pas plus tran-

quille, hors, au contraire, car voilà
ce qui fait frissonner d'horreur... A ce
mot, les bonnes paysannes qui, dès
que Marguerite avoit parlé des bruits
souterrains, avoient commencé à se
serrer les unes contre les autres, se
mirent à trembler comme la feuille;
et cependant, pour rien au monde,
elles n'eussent voulu que Marguerite
interrompît son récit. Elle continua
donc.

Arbuthnot, enfermé dans sa chambre avec son aumônier, qui disoit des
prières, vit tout-à-coup le plancher
s'entr'ouvrir, et en sortir une grande
figure de douze à quinze pieds de
haut, qui tenoit dans ses mains l'enfant dont Mélinde étoit grosse lorsqu'elle périt, et le jetta aux pieds d'Arbuthnot; parut ensuite Mélinde éche-
velée, et sa plaie encore toute seignante,

qui ramassa l'enfant et le serra contre son cœur; puis fit un cri si pitoyable, qu'Arbuthnot ne put se défendre de répandre des larmes. Minuit sonnèrent, et le soldat parut......

Minuit sonnoient à cet instant à l'horloge du village de Valarçon; la porte s'ouvrit, et l'on vit entrer un soldat; on vit, ou plutôt on ne fit qu'appercevoir : toutes les femmes eurent une telle frayeur, qu'elles cachèrent leurs yeux dans leurs mains; quelques-unes, même plus effrayées que les autres, voulurent s'enfuir, et renversèrent la lampe. Alors, une voix douce et sonore demanda comment il se faisoit qu'on eût si grand peur, qu'il n'avoit nulle envie de faire de mal; mais personne ne lui répondoit. Enfin, Hélène, qui étoit très-bien élevée, ayant toujours été la compagne de la fille du seigneur de Lieursaint, et qui ne partageoit pas l'effroi de ses compagnes, lui demanda : Qui êtes-vous ? car je crois bien que vous n'êtes pas Homfrède ?—Je m'appelle Robert, j'arrive de l'armée d'Italie ; je me suis égaré dans vos montagnes ; je mourois de froid et de faim, lorsque j'ai apperçu cette lumière, et je suis entré pour demander l'hospitalité. Ne vous y fiez pas, disoit la vieille Marianne, il dit cela pour vous rassurer ; mais vous varrez que c'est l'amant de Mélinde. — Et moi, je vous assure que je ne connois pas mademoiselle Mélinde, que je ne suis l'amant de personne, et, en honneur, je suis trop fatigué pour que l'amour m'occupe en cet instant ; et si vous voulez me le permettre, j'ai un briquet, je rallumerai la lampe, et vous vous convaincrez que je ne suis

qu'un pauvre diable qui a grand besoin de votre secours. Monsieur, dit
Hélène, je vais vous aider à chercher
la lampe : l'huile sera répandue, heu-
reusement qu'il en reste dans la cruche.

CHAPITRE V.

La Sympathie.

Et voilà Hélène qui cherche la lampe; le soldat, en cherchant aussi, rencontre sa main : un feu subit circule dans ses veines; il est étonné, dans une réunion de paysannes, de trouver une peau si douce, des doigts si mignons. Elle, de son côté, voudroit retirer sa main, et un charme inconnu semble la retenir. Eh bien! dit Marguerite, la trouvez-vous cette lampe? — Pas encore, la maman, mais bien un des plus jolis bras que j'aie rencontré. — Finissez, monsieur. Ce n'est donc pas un esprit, dit Marianne d'une voix tremblottante?—Est-ce que les esprits ont un corps? Enfin, la

3 *

voilà, cette maudite lampe : eh bien!
allez-vous me la faire encore perdre?
laissez, je vous prie. En effet, Robert
vouloit profiter de l'obscurité pour
dérober un baiser à celle dont il trouvoit, au tact, la main si parfaite, et
qui paroissoit avoir une taille légère et
bien prise : mais Hélène s'échappa de
ses bras, et vint se réfugier auprès de
sa bisaïeule ; tandis que Robert, faisant jaillir, de la pierre, l'étincelle,
répara le désordre que son arrivée
avoit causé. Dès que la lampe rallu-
mée éclaira les objets, nos jeunes
gens se regardèrent avec un étonnement mutuel. Effectivement, ils pa-
roissoient tous deux déguisés, l'une,
sous le costume villageois, et l'autre,
sous un uniforme presque usé. Rien
n'étoit comparable aux graces modes-
tes, au maintien noble et aisé d'Hé-

lène. Robert ne lui cédoit en rien pour
la tournure élégante et distinguée.
L'une, devoit tout à l'éducation que la
dame de Lieursaint s'étoit plue à lui
donner; l'autre, à la fortune; il étoit
fils unique d'un banquier puissam-
ment riche de Paris, et avoit été ar-
raché, par la réquisition, à des parens qui l'idolâtroient. Il conservoit
sous l'habit militaire, le ton décent et
les manières aimables que sa mère, la
plus tendre et la plus respectable des
femmes, lui avoit donnés. De l'étonnement ils passèrent bientôt au plaisir
de se regarder; et ils se trouvèrent
charmans l'un et l'autre. Robert exprima ce qu'il éprouvoit par un com-
pliment très-agréable. Hélène ne dit
rien, mais rougit, et en rougissant,
elle fut cent fois plus jolie. Les autres
paysannes, qui voyoient très-bien que

Robert n'étoit pas que l'ombre d'un homme, s'approchèrent toutes de lui, lui firent mille questions ; et, vieilles et jeunes, lui offrirent, toutes ensembles, tout ce qui pourroit lui convenir. Hélène n'offrit rien, mais alla chercher, dans la maison, un fromage à la crême, un gâteau et du vin. Pardon, monsieur, dit-elle en rougissant, si je vous présente un repas si frugal : dans un pauvre village, au milieu de la nuit, il est bien difficile de se rien procurer. — Tout est excellent, la jeune fille, offert par une si jolie main, et quand on a grand faim. Ma fille est veuve, reprit la bonne Marguerite. — Quoi ! sitôt ? que celui que la mort séparoît de vous a dû regretter la vie ! Nos momens sont comptés, repartit la vieille. La fleur qui ne vient que d'éclore est coupée par le soc de la charrue; tandis que d'autres végètent et ne meurent que long-tems après l'instant de la maturité. Le père de cet enfant est mort quand il pouvoit encore être utile; et moi, qui ne suis bonne à rien, je pèse sur la terre. Bonne à rien! s'écria Hélène en se précipitant dans les bras de son aïeule; que deviendroit votre Hélène si elle vous perdoit ?— C'est un mal auquel il faut bien t'attendre, et même t'accoutumer......— Jamais! jamais!

Robert, malgré la faim qu'il avoit, pensoit à peine à manger, tant il étoit étonné de tout ce qu'il voyoit. Si la sensibilité, les graces d'Hélène le surprenoient, son attachem nt pour sa grand'mère lui paroissoit bien toucha t; il lui rappeloit celui qu'il avoit voué à sa mère; mais ce qui lui paroissoit le plus extraordinaire, c'étoit

de l'entendre parler en très-bons termes, et s'exprimer même avec une
sorte de recherches que les femmes
de bonne compagnie n'ont pas toujours. Hélène, et même Marguerite,
avoient fait la même réflexion en entendant Robert. Celui-ci ne croyoit
point que l'habit militaire autorisât un
homme bien né à manquer aux femmes par des expressions grossières :
comme si toute l'énergie du discours
eût consisté dans des juremens que
nos jeunes gens se permettent, sans
aucun égard, pour un sexe qui, au-
trefois, eût banni de sa société tout
homme capable de se servir, de sang-
froid, de ces mots que la colère peut
au plus faire pardonner. Le ton de
Robert étoit poli, sans flatterie; et il
étoit aisé de remarquer, à la pureté
de son langage, qu'il avoit reçu une

éducation distinguée. Aussi Marguerite n'hésita pas à lui offrir de loger
chez elle ; ce qu'il accepta, moins parce
que la maison de la grand'mère d'Hélène paroissoit la plus commode du
village, que pour prolonger les instans
où il verroit la jeune femme. Toutes
les autres paysannes regrettèrent de
ne pas le loger ; leurs maris n'en auroient peut-être pas été si empressés,
car Robert étoit le plus joli homme
qu'on put voir : taille bien prise, au-
dessus de la médiocre ; de grands yeux
noirs, vifs et doux ; des dents super-
bes ; un front où se peignoient la fran-
chise et la gaîté, lui assuroit les moyens
de plaire. Aussi avoit-il fait une forte
impression sur l'ame de la pauvre Hélène. Elle le conduisit à sa chambre, en
s'arrêtant à quatre pas de la porte, au
grand regret de Robert, qui auroit

bien voulu l'engager à y entrer, ne fut-ce que pour causer un instant. Elle revint coucher sa grand'mère, et se retira dans une petite chambre qu'elle occupoit avec son enfant. S'asseyant tristement sur son lit, elle se disoit à elle-même : Qu'elles sont heureuses, celles qui ont conservé leur liberté, et dont le cœur, exempt de passions, voient les jours s'écouler sans desirs ni remords ! Mais moi, qui ai terminé ma carrière aux premiers pas que j'y ai fait, combien ne dois-je pas souffrir ? et que ma vie sera longue sans qu'aucun être sensible s'empresse d'adoucir mes douleurs ! Que m'importeroit leur pitié ? Mon sort n'est-il pas fixé pour toujours ? A seize ans, être morte à l'amour, au plaisir ! Douce volupté ! tu n'embelliras jamais ma vie ! Elle restoit la tête appuyée sur sa

main; et les larmes, qui couloient entre ses doigts, tomboient sur son sein:
elle resta long-tems dans cet état, jusqu'à ce qu'un cri de son enfant la tira
de cette sombre méditation. Elle le prit
dans son berceau, et le serrant contre
son cœur: Ne pleures pas, lui dit-elle,
que mon lait appaise tes cris! Ah! qui
peut refuser à cet âge les moyens de
bonheur que lui offre la nature? il est
si facile de vous rendre heureux! Si les
passions ne venoient jamais troubler
l'homme, son sort seroit digne d'envie; mais encore trois lustres, et tu
connoîtras le malheur! Cependant, le
petit Frédéric, après avoir calmé sa
soif, la tête appuyée sur le bras de sa
mère, lui souriot pour la remercier!
Tu me caresses, tu me ris, lui disoit-
elle, tu es reconnoissant de mes soins.
L'ingratitude n'est point dans la na-

ture : l'homme ne perd le souvenir des bienfaits, que lorsqu'il contracte un froid égoïsme, qui lui persuade que tout est fait pour lui. Ah! puisse-tu, mon enfant, ne pas devenir cruel envers un sexe foible, qui vole au-devant de la séduction , parce qu'il croit à vos sermens!.... Mais je suis folle vraiment ; je trouve à cet enfant une ressemblance frappante avec....., Ah! pauvre Hélène! que de maux ton imagination te prépare ! trompeuse enchanteresse , qu'il est malheureux de se laisser bercer par tes rêves séduisans! On vante l'édu-cation, tandis que c'est elle qui, en rendant nos organes plus déliés, nous fait sentir toute la vivacité des pointes de la douleur! Combien de maux j'é-prouve, dont mes compagnes n'ont pas même d'idée!

Il eut été bien à desirer pour moi
de n'avoir jamais mis le pied dans le
château !........ Mais pourquoi revenir
ainsi toujours sur le passé? Hélas ! le
présent nous y force quelquefois; il
est des circonstances, dans la vie, qui
rendent plus douloureux les souvenirs !.... Mon enfant se rendort. Tâ-
chons aussi de nous livrer au sommeil qui seul suspend mes maux.......
Ils sont si grands, si irréparables, que
je sens que, s'ils éprouvoient la plus
légère augmentation, je n'y résisterois
pas. Hélène se coucha enfin, et ne put
dormir.

CHAPITRE VI.

On cherche à s'entendre.

Robert n'avoit pas joui d'un sommeil plus tranquille. Les charmes d'Hélène avoient troublé son repos ; mais ce qui l'étonnoit le plus, c'étoit de trouver, sous les simples habits d'une paysanne, le langage, les graces décentes d'une femme de bonne compagnie. C'est cependant la petite fille de Marguerite, dont le père, d'après ce qu'on lui a déjà dit, est meûnier. Il avoit beau, pour justifier à lui-même le sentiment qu'elle lui inspiroit, vouloir bâtir un roman qui en faisoit une héroïne, déguisée sous le costume champêtre ; tout démentoit cette pensée. Que prétendoit-il donc faire de cet amour déjà si impérieux dès sa naissance ? Il étoit certain que son père s'opposeroit à un mariage aussi disproportionné; car, malgré la manie de l'égalité qui régnoit alors, il ne pouvoit se flatter de le faire consentir à avoir pour fille, celle d'un meûnier. La séduire, étoit encore plus impossible; sa candeur naïve n'étoit point imprudente : d'ailleurs, une jeune veuve ne tombe pas si facilement dans les filets, que fille sans expérience. Ce qu'il avoit de mieux à faire, étoit de quitter promptement un séjour qui ne pouvoit être que dangereux pour lui : mais ne plus voir Hélène !.... D'ailleurs, la saison étoit si rude, les chemins si mauvais, qu'il étoit bien nécessaire qu'il se reposât quelque tems avant de se rendre à Paris. Ce retard ne causeroit aucune inquiétude à sa mère, qui ne le savoit pas en route; enfin, il trouvoit toutes les raisons possibles pour prolonger son séjour. Pour le rendre moins extraordinaire, il se décida à cacher à la bonne Marguerite, la fortune de son père, afin de recevoir, comme hospitalité, ce qu'on ne lui accorderoit peut-être pas, si on le croyoit en état de suivre son voyage. Ainsi, amour et tromperie sont presque toujours réunis.

Quand la tardive aurore vint éclairer le sommet des montagnes, Hélène sortit de sa chambre. Après avoir trait, elle fit cuire de la farine de maïs dans du lait, et alluma un grand feu pour réchauffer la bonne Marguerite; elle plaça la table à côté de son fauteuil, et mit auprès deux escabelles, une pour elle, et l'autre pour Robert. Il

ne vient point ? disoit-elle à son aïeule,
est-ce qu'il seroit parti ? — Je ne le
crois pas, la porte de la cour est encore fermée. Il étoit fatigué, il aura
dormi tard. Il est heureux de dormir,
dit Hélène en soupirant, et regardant
toujours du côté de la porte. Enfin,
Robert parut, et, saluant avec vénération la bonne Marguerite, il voulut
prendre la main d'Hélène, qui la retira, en lui faisant signe de s'asseoir
entre elle et sa grand'mère. — Pardon,
monsieur, si je vous offre un déjeûner si simple ; vous êtes, suivant les
apparences, accoutumé à vivre plus
délicatement. — Quand j'en aurois
contracté l'habitude dans ma première
jeunesse, depuis que je suis à l'armée,
je l'aurois perdue ; mais ce n'est pas le
fils d'un pauvre vigneron des environs
d'Orléans, qui a pu mener une vie

somptueuse.— Vous! fils d'un vigneron? dit Marguerite, et comment
avez-vous un ton, des manières si
différentes des autres paysans?—Parce
que j'étois le filleul du secrétaire de
l'intendant, qui m'a fait faire mes étu-
des, et comptoit me placer. La réquisition m'a forcé de prendre un autre
parti, et tout ce que mon bienfaiteur
a fait pour moi se trouve perdu. Il
faudroit mieux que j'eusse appris à
travailler à la terre ; mais je suis jeune,
et je m'y accoutumerai encore aisé-
ment. Croyez-vous, madame Marguerite, que je trouvasse de l'ouvrage
ici? — Est-ce que vous voudriez y
rester? — Mais devant, par la capi-
tulation, être un an sans servir, autant vaudroit que je demeurasse dans
ce village; car j'aurois de la peine à
joindre Orléans, il y a encore bien
loin;

loin; et puis il faudroit, après cette
époque, que je traversasse la France,
mon régiment étant de l'armée d'Italie. M. Robert pourroit, dit Hélène,
cultiver notre clos, d'autant que Jean-
Pierre se marie, et qu'il va s'établir
chez son beau-père, à trois lieues
d'ici : en attendant, il le mettroit au
fait, ce n'est pas si difficile. Je ne demande pas mieux, dit Marguerite,
mais nous ne pourrons pas vous donner grand-chose. — Je ne vous demande rien que de me nourrir et de
me loger. — Oh! cela va sans dire. —
Ma paie me suffira pour mon entretien. — C'est chose faite, dès que cela
vous convient. — Avec quel zèle je
vais me livrer à ces travaux, dit Robert à Hélène, puisqu'ils me procu-
reront le bonheur de vous voir chaque jour! La jeune veuve rougit, et

ne répondit rien ; mais elle éprouva
une joie secrète, en pensant que son
hôte n'étoit que le fils d'un vigneron.
L'amitié ne peut exister qu'avec l'égalité, disoit-elle ; comme, dans ma position, je puis me livrer à l'amitié que
je sens que m'inspirera Robert, je suis
bien aise de savoir qu'il n'est pas plus
que moi. Celui-ci vit bien que sa ruse
avoit réussi, parce qu'Hélène le trai-
toit avec plus d'affection. Sans savoir
le parti qu'il prendroit, il résolut de
jouir, sans trouble, d'une année de
bonheur. Un an est un si long espace
pour une créature mortelle, qui peut
cesser d'être du soir au matin, que
se tourmenter au-delà, c'est folie.
Après le déjeûner, Marguerite dit à
sa fille qu'elle devroit conduire Robert
au clos pour qu'il vit l'ouvrage qui lui
étoit destiné. Hélène hésitoit ; Robert

la pressa, et ils sortirent. Il faisoit de ces belles journées d'hiver, où le soleil semble consoler, par sa présence, du long empire des frimats. Déjà le perce neige montroit sa tige d'un verd pâle qui contrastoit avec les houx et les melèses. Le pin, qui conserve son feuillage au sein des glaces, donnoit l'illusion de la nature rajeunie ; et si le marronier n'eut pas attesté, par ses branches dépouillées, qu'on étoit encore loin du printems, il eût été possible de se croire arrivé à cette aimable saison.

La jeune veuve portoit son enfant sur ses bras. Avec quelle attention Robert la guidoit dans des sentiers que le soleil, en fondant la neige, rendoit glissans ! Quand leurs mains se rencontroient, ils éprouvoient l'un et l'autre un doux frémissement. Ce tact volup-

tueux est émoussé dans ceux à qui de
durs travaux ont enlevé le velouté de
la peau, qui seul électrise le plaisir.
Robert admiroit avec quelle légèreté
Hélène sautoit les ravins ; son pied,
que des chaussures grossières n'avoient
point encore déformé, étoit charmant;
un jupon assez court laissoit voir une
jambe de cerf : enfin, tous ses mou-
vemens avoient une grace qui enflam-
moit Robert de mille feux. Hélène
n'étoit pas moins touchée de l'air noble et gracieux de son jeune ami; et
malgré ce qu'il avoit dit, elle avoit
bien de la peine à se persuader qu'il
ne fût que le fils d'un vigneron. Pour
lui, il sentoit qu'il avoit eu tort de
donner cet état à son prétendu père;
car lorsqu'il fut arrivé au clos, il ne savoit rien de ce qu'il y avoit à faire. Hélène s'apperçut de son embarras, et

lui dit : Jean-Pierre donnera la première façon, puis le reste est peu de
chose, et je vous aiderai. — Oh! je ne
souffrirois pas que ces jolies mains
soient arrachées par les ronces et les
épines, que la terre leur ôte ce poli,
cette blancheur qui charme les yeux!
J'ai renoncé, reprit Hélène en soupirant, à ces frivoles avantages qui sont
plus funestes qu'utiles, et à peine à
mon printems, mes malheurs m'ont
conduite à l'automne de la vie; une
douleur profonde flétrit l'ame, et ne
lui laisse plus la faculté de s'occuper
de tout ce qui séduit dans la jeunesse.
Il est aisé de savoir la cause de cette
profonde mélancolie, dit Robert; mais
le tems adoucira vos regrets. — Jamais. — Jamais! Je respecte votre douleur; mais soyez sûre, mon aimable
amie, que, de tous les maux, le plus

irréparable est celui de tous dont on
se console, malgré soi, le plus facilement; cela dépend du caractère et des
circonstances qui accompagnent ce
malheur. Frédéric demandoit à téter ;
Robert ayant balayé la neige aux pieds
d'un chêne qu'un lierre embrassoit de
ses rameaux, dont le feuillage, toujours verd, sembloit remplacer celui
du roi des forêts, Hélène s'assit, et Robert se plaça à ses pieds. Qu'il est heureux, disoit-il en lui-même, cet enfant,
qui presse de ses petites mains ces
globes d'albâtre que je ne fais qu'entrevoir! Cependant, Hélène, rêveuse et
distraite, écoutoit à peine tout ce que
lui disoit Robert. Emportée par les
sentimens qui combattoient dans son
cœur, elle s'écria, en serrant son enfant dans ses bras: Oh! toi, qui fais ma
peine et ma félicité, tu me restes seul

dans la nature!....... — Seul! Hélène!
Ah! pourriez-vous penser qu'après avoir
eu le bonheur de vous voir, on puisse
cesser un instant de prendre à vous le
plus tendre intérêt ? — Il seroit bien
inutile, monsieur Robert, rien ne peut
changer ma destinée ; et une larme s'é-
chappa de ses yeux. Son jeune ami voulut la recueillir ; mais elle détourna
aussitôt la tête, et reprenant son enfant, elle se leva, et sortit du clos.

CHAPITRE VII.

Le Précipice.

ROBERT la suivit ; elle étoit livrée à
une si profonde méditation, qu'elle
ne s'apperçut pas qu'elle s'étoit avan-
cée trop près du bord du sentier qui
dominoit un précipice où rouloit un
torrent. Le chemin étoit élargi par
une banquette de neige soutenue par
des rochers qui s'avançoient à quelques
brasses au-dessous. Hélène posant le
pied sur ce sol trompeur, il se détache,
et entraîne, dans sa chûte, la mère et
l'enfant. A cet instant, Robert ne ré-
fléchit point au danger qu'il va courir, il ne voit que la perte assurée de
celle qu'il aime ; jugeant, avec la rapidité de l'éclair, qu'il a encore le tems

de la sauver, il s'élance sur la pointe
d'une roche qui est environ à moitié
du précipice, et est arrivé avant qu'Hélène et son pauvre petit Frédéric aient
roulé jusques-là, et il les reçoit l'un et
l'autre dans ses bras. Cependant le
péril n'est pas encore passée. Hélène,
dans sa chûte, a entraîné des mon-
ceaux de neige qui les couvrent tous
trois, et dont le poids peut les précipiter au fond de l'abîme. Robert s'accro-
che d'un bras vigoureux aux racines
d'un pin que le laps du tems a décou-
vertes, et de l'autre, il soutient son
double fardeau. Hélène, sans connoissance, serre son enfant sur son sein,
par l'instinct de la nature, car elle
ignore la situation terrible où elle se
trouve. Toute l'horreur de ce moment est sentie seule par Robert, qui
s'est dévoué pour sauver les jours

d'Hélène. Plus d'un quart-d'heure se passa sans apporter aucun soulagement à ses allarmes. Enfin, la neige raffermie ne tombe plus. Robert prenant plus d'assurance sur le terrain qu'il occupe, peut, d'une main, rejeter une partie de l'alavanche qui le couvre. Posant Hélène sur la roche, il cherche le moyen de descendre au fond de l'abîme, ou de remonter sur le sentier. L'un et l'autre lui paroissent aussi impossibles ; la table de pierre, sur laquelle il avoit si miraculeusement retenu Hélène, avançoit, sur le torrent, d'environ trente pieds, et le terrein au-dessus étoit à pic. Il n'y avoit donc d'autre espoir que d'attendre l'instant où quelque voyageur passeroit dans le chemin, pour lui demander d'aller jusqu'au village, afin d'avoir du secours ; mais cette route étoit peu fréquentée, et les jours si courts, qu'il étoit possible que la nuit les surprit sans qu'ils pussent changer cette douloureuse situation. Celle d'Hélène étoit toujours la même, et Robert n'avoit aucun moyen pour la faire revenir. Il avoit ôté son habit pour la couvrir, elle et son enfant; en voyant ces innocentes créatures prêtes à périr, il fléchit le genouil, et levant les bras au ciel, il invoqua pour elles les secours que les hommes ne pouvoient leur procurer.

Hélène, revenue enfin de ce long éva-nouissement, ouvre les yeux, et, frap.pée d'effroi, est prête à perdre encore l'usage de ses sens, en se voyant sus-pendue, en quelque sorte, entre la vie et la mort. Robert la rassure, ré-chauffe de son haleine ses doigts glacés, et lui apprend, enfin, par quel événement il se trouve sur cette roche. Hélène conçoit quelle reconnoissance elle doit à son libérateur et à celui de son enfant; le regard le plus tendre paie cette dette sacrée; et Robert, trop délicat pour abuser des avantages qu'une telle situation eût pu lui donner, n'ose pas même presser de ses lèvres la main qu'Hélène lui tend. Vous ne me devez rien, lui dit-il, je n'ai suivi que l'instinct qui nous porte à sauver notre semblable: d'ailleurs, qu'ai-je fait jusqu'à présent; et tant que je ne serai pas parvenu à vous tirer de ce lieu sauvage, je ne croirai avoir mérité aucune action de grace. Cependant, il est impossible que je vous laisse ici jusqu'au jour, vous ne pourriez résister au froid de ces longues nuits. Puisque vous avez repris l'usage de vos sens,

il seroit possible que j'esseyasse de descendre au bord du torrent. Gardez-
vous-en bien, dit Hélène avec un effroi qui peignoit assez l'intérêt que
Robert lui inspiroit, il y a plus de cinquante pieds jusqu'au fond de l'a-
bîme; et si nous devons mourir, mou-
rons du moins ensemble: d'ailleurs, il
est possible que quelque berger passe
sur ces roches en suivant ses chèvres, et
alors il nous arrachera de ces tristes
lieux. Ne me quittez pas, je vous en
conjure; car si vous périssiez en voulant me sauver, je sens que rien ne
m'en consoleroit. Ces assurances d'un
sentiment qui combloit Robert de
joie, payoient au centuple le danger
qu'il avoit couru, et ceux qui le me-
naçoient encore. Il se soumit donc à
la volonté de la beauté qu'il aimoit; et
s'asseyant près d'elle, il chercha à la

garantir de la bise qui commençoit à
souffler. Déjà le soleil ne pénétroit
plus dans cette gorge, que les montagnes les plus élevées environnoient
de toute part ; le vent enlevoit des
tourbillons de neige qui retomboient
sur ces infortunés. Le moins malheureux des trois étoit Frédéric. Il trouvoit dans le sein de sa mère la nourriture et l'abri ; mais elle commençoit
à être exténuée. Quelques fruits sauvages, que Robert put atteindre,
charmoient plutôt sa faim qu'ils ne
l'appaisoient. Déjà plusieurs fois Hélène avoit pensé aux inquiétudes de la
bonne Marguerite ; et le chagrin
qu'elle ne doutoit pas que sa respectable aïeule ressentoit, aggravoit encore les maux qui commençoient à
l'accabler. Cependant, Robert ne ré-
sistoit plus à l'inaction où l'attache-

ment d'Hélène le retenoit. Il se dispo-
soit, malgré ses cris, à se laisser glisser le long du revers de la montagne,
au risque de se briser contre les rochers dont elle étoit hérissée, quand il
entendit, de loin, le son de quelque
clochette qui lui donna l'espérance
qu'un troupeau venoit de ces côtés. Il
s'arrête, écoute; le bruit approche;
mais bientôt il est interrompu par le
sifflement des vents, et le craquement
des branches qui s'entrechoquent dans
les airs. Ils ne viennent point, dit-il
tristement à Hélène, et la nuit étend
ses voiles! Ce seroit peut-être envain,
maintenant, que je tenterois de descendre, que ferons-nous? hélas! —
O! mon pauvre Frédéric, tu périras
de froid, et mon lait, tari dans mon
sein, ne pourra plus te réchauffer! Je
ne supporte point ce douloureux spec-

tacle! s'écria Robert, il faut..... Non!
non! dit Hélène en le retenant, n'en-
tendez-vous pas des bêlemens qui se
joignent aux premiers sons qui ont
frappé nos oreilles? Oui, dit Robert,
et je crois même entrevoir quelque
chose de blanc qui se glisse entre les
buissons ; bientôt on distingue des
voix, et il n'y a plus de doute que ce
sont des bergers. Alors, Robert les
appelle, les conjure de venir à leur
secours ; mais ces hommes simples,
qui croient que l'espace est peuplé par
des êtres fantastiques, ne voyant pas
celui dont ils entendent la voix, s'ef-
fraient, et sont au moment de fuir.
Hélène, qui apperçoit leur mouvement, joint ses cris à ceux de Robert,
et l'enfant y unit les siens. Ces accens
arrivent aux oreilles des bergers, qui,
distinguant enfin que les sons qu'ils

entendent partent de la roche qui est
au-dessus d'eux, s'arrêtent; et Robert,
couché ventre à terre, avance sa tête
sur le bord du rocher, et parvient à
faire comprendre aux bergers qu'ils
étoient là, un homme, une femme
et un petit enfant, qui alloient périr,
s'ils ne venoient à leur secours. —
Comment avez-vous donc pu vous
bouter là, nos chèvres n'y allons
même pas? — Aussi nous y sommes
tombés. — Je ne savons comment
nous ferons pour vous y aller char-
cher. Il fallions faire pu de trois lieues
pour venir d'où nous sommes où vous
êtes; ainsi, prenez patience. — Oh!
joignez à vos généreux secours, bons
bergers, d'envoyer à Valarçon, chez
Marguerite, lui dire qu'elle n'ait pas
d'inquiétude d'Hélène. — Quoi! vous
êtes Hélène, la petite fille de Margue-

rite; soyez tranquille, j'allons lui faire
dire.

Hélène, rassurée sur les inquiétudes de sa grand'mère, se trouva sou-
lagée d'une grande partie de ses peines;
et ne s'occupant plus que de son enfant, elle attendit patiemment le retour des bergers. Il étoit près de cinq
heures du soir, quand ils prirent la
route de Valarçon. La nuit étoit sombre, les chemins difficiles; ainsi, on
ne pouvoit se flatter qu'ils fussent de
retour avant neuf ou dix heures du
soir, et depuis huit du matin nos pauvres jeunes gens n'avoient rien pris.
Le froid, qui devenoit d'instant en
instant plus piquant, forçoit Hélène
à rester dans les bras de Robert, qui
la couvroit de son corps. Malheur à
celui qui pourroit croire que Robert
oublioit le respect que la confiance

d'Hélène devoit inspirer ! elle étoit pour lui un objet sacré; et malgré l'amour que ses charmes allumoient dans son sang , il auroit préféré se précipiter dans l'abîme , plutôt que d'allarmer la pudeur de celle qu'il idolâtroit. Respirer sa douce haleine, sentir son cœur palpiter près du sien , lui faisoient éprouver une volupté dont il n'avoit pas eu encore d'idée. Amour ! tu changes les plus affreux déserts en palais enchantés ! et Robert , mourant de faim , et sans habit , sur une roche suspendue à cinquante pieds d'un précipice , se trouve plus heureux que dans les appartemens de son père. Hélène , entièrement anéantie par la fatigue et l'inquiétude que lui causoit son enfant , ne pouvoit se rendre compte des sensations qu'elle éprouvoit. Seule , abandonnée de la nature entière, Ro-

bert est pour elle un frère, un ami;
et si l'élégance de ses formes avoient
séduit son premier coup-d'œil, elle
n'en a aucune idée dans la position où
elle se trouve, et l'amour est aussi
loin de son cœur que le repos : il faut,
pour se livrer à ses amorces, une sorte
de bien - être qui appelle le plaisir.
Ainsi, l'honneur et la souffrance eussent rendu impossible que ce long et
triste tête à tête put changer la situation de nos amans. Enfin, excédée de
lassitude, Hélène s'endormit dans les
bras de Robert, qui, lui-même, auroit eu de la peine à se défendre du
sommeil; mais l'inquiétude que quelques bêtes sauvages ne vinssent sur le
rocher, et ne les surprissent endor-
mis, tint ses yeux ouverts. Combien
les heures lui sembloient longues, en
entendant, autour de lui, les hurle-

mens des animaux carnassiers, et les cris des oiseaux de proie qui étoient répétés par les échos des montagnes! La lune n'éclairoit point cette triste nuit, dont les ombres étoient encore obscurcies par un brouillard si épais, que l'on ne distinguoit pas une étoile. Enfin, il apperçut une lueur rougeâtre qui frappoit sur la cime des roches, de l'autre côté du précipice: cette lumière, le bruit que faisoient en marchant sur la neige gelée, ceux qui la portoient, tout annonçoit à Robert le retour des bergers.

Cependant, il ne voulut point réveiller sa compagne, qu'il ne fut sûr que ce fût eux que l'on venoit chercher; mais bientôt, entendant appeler Hélène, il ne douta plus que ce ne fussent enfin ces secours si long-tems attendus. Il répondit aux voix qui par-

toient du sentier. La sienne réveilla son
amie. Dieu ! s'écria-t-elle , est-il vrai
que l'on vienne nous tirer de cette
cruelle situation ? — Oui , ma chère
Hélène ; et la soulevant , il lui fit appercevoir les flambeaux ; bientôt ils
virent que l'on descendoit des échelles
de corde. Ce qui leur paroissoit le
plus difficile , c'étoit de remonter le
petit Frédéric; mais les bergers y
avoient pourvu , en apportant une
corbeille qu'ils laissèrent glisser jus-
ques sur la roche. On y plaça l'enfant
endormi; puis Hélène, soutenue par
Robert, regagna le sentier , où elle fut
reçue par ses voisins avec la plus ten·
dre affection ; mais elle étoit si foible,
qu'à peine pouvoit-elle répondre aux
témoignages de leur attachement. Cependant , elle s'informa de son aïeule,
qu'on l'assura être sans inquiétude,

parce qu'on lui avoit caché l'accident qui l'avoit retenue tout le jour loin d'elle, et qu'elle pensoit qu'elle étoit allée chez sa tante. On avoit apporté à nos pauvres voyageurs, des gaudes, des marrons et du vin. Ils mangèrent avec le plus grand plaisir ; puis on les reconduisit, presqu'en triomphe, chez la bonne Marguerite. Robert donna un louis aux bergers, somme considérable dans ce pays, et qui auroit été faite pour le trahir, s'il n'avoit pas dit qu'il le tenoit de la générosité d'un prince émigré, qui le lui avoit donné lorsqu'il étoit prisonnier. Marguerite fut enchantée de revoir sa petite fille, la gronda un peu d'être revenue si tard, et l'engagea à aller se reposer ; ce qu'Hélène accepta, car elle en avoit grand besoin. Un adieu bien tendre fut tout ce qu'elle put dire à Robert, tant elle étoit accablée. Pour lui, il ne se souvenoit plus de ce qu'il avoit souffert, en pensant qu'il avoit sauvé la vie à celle qu'il aimoit.

CHAPITRE

CHAPITRE VIII.

Les mœurs du Hameau.

O doux asile de l'innocence et de la paix, cabane hospitalière, dont n'approchât jamais l'intrigue, l'ambition, ni l'avarice ; heureux qui peut sous ton toit voir couler ses jours, et être semblable à la plante qui vit, croît et meurt sur le même sol ! Tels étoient les heureux habitans de Valarçon ; on eût dit une grande famille. Vous qui calomniez l'espèce humaine, vous ne l'avez jamais observée sous le chaume : vous ne connoissez l'homme qu'abruti par les vices, ou exalté par les passions. L'homme est bon ; et pourquoi ne partageroit-il pas cette qualité avec d'autres animaux, et n'auroit-il été créé à l'image de la bonté infinie, que pour être plus méchant que les espèces qui lui sont inférieures ? Oh! vous ne le jugeriez pas avec dédain, si vous aviez vu une paysanne nourrissant un enfant, suivie de trois ou quatre autres, dont l'aîné est encore incapable de gagner le pain qui l'alimente, entrer chez sa voisine, au lit de la mort, qui ne regrette une vie marquée par le travail et la douleur, que par le chagrin de laisser sans subsistance sa nombreuse famille; vous ne l'avez pas entendu dire à sa voisine : Sois sans inquiétude, je prends tes deux derniers ; et elle les emmène à l'instant, sans en attendre de remercîmens, sans se douter même que sa mourante amie lui en doive; et son exemple est suivi par les habitans des chaumières, qui environnent celle où meurt cette in-

fortunée. Les enfans n'ont plus de
mère, mais sont adoptés par de nouvelles familles , où ils sont élevés et
traités comme leurs propres fils. Voyez
ce pauvre cultivateur , retenu par la
maladie dans son lit ; son champ res-
tera-t-il inculte ? Non, ses voisins le
bêcheront , l'ensemenceront, et il en
récoltera les fruits quand sa santé le
lui permettra.

Quelle est cette femme qui entre
dans cette maison avec la précaution
que l'on met dans les villes pour
cacher une mauvaise action ? elle tient
dans son tablier du fil qu'elle a filé de
ses mains, elle le pose sur la table de
sa parente, chez qui les percepteurs
doivent revenir pour vendre le lit où
elle repose; et lui dit : Tiens, Jacqueline,
prends ce fil va le vendre au marché,
et, avec l'argent, renvoye les collecteur;

mais n'en dis rien à notre homme,
qui diroit que je n'en aurons pas pour
nous-même : mais, Dieu par dessus
tout, je ne pouvons penser que ces
vilaines gens vous mettrions sur la
paille. Jacqueline accepte ; et son amie
est heureuse de l'avoir sauvée d'un
malheur dont, à son tour, une autre
la mettroit à l'abri.

Voilà les traits que Robert voyoit
tous les jours sous ses yeux : dans
une ame sensible et ardente comme
la sienne, il est impossible qu'ils ne
fissent pas une impression profonde.
Il comparoît cette simplicité dans les
actions les plus sublimes, avec l'orgueil
qu'il avoit toujours vu dans les plus
simples, et dont on n'auroit pas même
parlé au village. Car, un homme riche
qui donne son superflu, ne donne
rien, c'est lui qui reçoit, puisque tout

le plaisir est pour lui. Non, disoit-il dans cet enthousiasme qui n'appartient qu'à l'amant de la vertu; non, je ne veux plus vivre parmi ces êtres corrompus, qui, changeant en besoin leurs caprices, ne trouvent pas dans la fortune la plus considérable, le moyen de soulager leurs semblables. Valarçon! terre chérie! c'est sous tes paisibles ombrages que je veux passer ma vie. J'y ai trouvé la compagne qui convient à mon cœur; que m'importe la foible distance qui se trouve entre elle et moi! Mon père est plus riche que le sien; voilà la seule différence qui existe entre nous. Son éducation ne le cède point à la mienne; et lorsqu'elle sera moins pauvre, pouvant se livrer à son goût pour les arts, nous jouirons ensemble des délassemens que les muses accordent aux

mortels qui les cultivent, loin du fra-
cas d'un monde trompeur. Je ne puis
douter que je suis aimé; et quoiqu'elle
voile, sous les apparences de la reconnoissance, le sentiment que je suis
assez heureux de lui inspirer, je ne
puis méconnoître l'amour aux soins
mêmes qu'elle prend pour le cacher.
L'amitié n'est pas si prudente; mais,
gardons-nous de la forcer de s'expli-
quer avant que son cœur, entièrement
abandonné à moi, ne puisse plus
m'échapper. Cette ruse peut m'être
permise, puisque je ne veux rien que
son bonheur.

C'étoit d'après ce plan que Robert,
depuis deux mois qu'il étoit à Valarçon,
n'avoit point cherché à arracher à Hélène un aveu dont il n'avoit pas besoin pour être certain d'être aimé.
Hélène, qui ne pénétroit pas son des-

sein, croyoit que Robert, rebuté par
le soin qu'elle avoit eu de ne pas paroître entendre ses premières déclara-
tions, se reprochoit d'avoir été assez
crédule pour imaginer lui plaire. Il ne
m'aime point, il est comme tous les
hommes. Si j'avois été assez foible
pour croire à ses premières flatteries,
où en serois – je maintenant ? Il ne
m'aime point, il ne m'a jamais aimée!
et un soupir s'échappoit de son sein.
Hélas ! puis-je en être affligée ? cela
n'auroit-il pas été pour moi le plus
cruel malheur ? Et puisque le ciel, ou
plutôt.... m'a condamnée à renoncer
pour jamais à l'amour, n'est-il point
infiniment plus heureux qu'il n'aie
pas pour moi ce sentiment auquel je
n'aurois pu répondre ? Il sera mon
ami. Je n'oublierai jamais les obliga-
tions que je lui ai; et s'il se marie, sa

femme sera ma sœur. La femme de
Robert ! Non ! je me trompe moi-
même; je ne pourrois l'aimer. Mais,
qui me dit qu'il restera dans ce pays-
ci? Dans un an, il rejoindra l'armée,
et je ne le reverrai plus...... Ne plus
revoir Robert ! plût au ciel que je ne
l'eusse jamais vû ! Ah ! c'est bien à
présent que je sens toute l'horreur de
mon sort. Hélas! qui m'auroit dit,
lorsque je venois cacher ma douleur
dans ces montagnes inaccessibles,
que j'y rencontrerois le seul homme
qui pouvoit toucher mon cœur. Ah!
j'aurois dû le fuir dès le premier moment. Mais, comment quitter ma
bonne mère, qui n'a peut-être que
quelques mois à vivre ; comment
l'affliger ? D'ailleurs, qu'ai-je à craindre ? Il ne m'aime point; qu'au moins
rien ne trahisse jamais mon funeste

secret ; et Hélène prit la résolution de s'observer encore plus qu'elle ne l'avoit fait jusqu'alors.

CHAPITRE IX.

La Déclaration.

CEPENDANT, Robert qui lisoit dans l'âme d'Hélène, redoubloit de soins pour l'attacher à lui plus que jamais. Un jardin qu'elle avoit sous ses fenêtres étoit entièrement négligé. Robert profita des premiers rayons du soleil qui annonçoient le retour du printems, et se faisant aider par quelques jeunes gens du village, pendant qu'Hélène étoit allé chez une de ses parentes, il le planta d'arbres verds; ayant ensuite envoyé secrètement à la ville, il se procura des jacinthes, des oreilles d'ours, de la violette double, et des roses-pensées, puis formant des bancs de gazon, il

sabla les sentiers de sables de différentes couleurs; ce qui rendoit ce jardin
très-agréable. Il prit la précaution, le
soir où elle devoit revenir, de fermer
les volets de sa chambre, afin qu'elle
n'apperçût pas ses travaux avant qu'ils
fussent embellis par le soleil. Il alla au
devant d'elle, sous prétexte de lui faire
prendre un meilleur chemin; il la ra-
mena par le côté où elle ne pouvoit
pas appercevoir le jardin. Du plus
loin qu'elle l'apperçut, elle lui demanda
des nouvelles de sa grand'mère. — Elle
se porte bien, mais elle s'est ennuyée,
et qui ne s'ennuyeroit pas loin d'Hélène!
J'ai cependant tâché de vous remplacer, autant que cela est possible; et
en effet, il avoit eu pour la bonne
Marguerite les soins les plus touchans.
Aussi cette digne femme l'aimoit
comme son fils, et espéroit bien que

ses yeux ne se fermeroient point sans qu'elle ait vu unir Hélène et Robert. Quand ils entrèrent dans sa chambre, elle fut enchantée, et leur dit : Mes enfans, je suis bien aise de vous revoir ensemble ; il paroît quand l'un est sans l'autre, qu'il lui manque quelque chose. Hélène rougit, et eût bien voulu que son aïeule n'eût pas parlé de cette manière, mais le respect qu'elle lui devoit, ne lui permettoit pas de lui imposer, silence. Robert, comblé de joie, lui dit qu'il ne tiendroit pas à lui que rien ne le séparât d'Hélène; et Hélène crut que ce n'étoit que par politesse qu'il s'exprimoit ainsi. Cependant, le souper fut gai, et nos jeunes gens, qui s'adoroient sans se le dire, se séparèrent le plus tard qu'ils purent. Hélène ne s'endormit pas sans penser qu'il étoit bien malheureux

pour elle de n'avoir pas rencontré
Robert avant qu'elle fût mère. A son
réveil, lorsqu'elle ouvrit ses volets, elle
trouva l'air embaumé, et fut frappée
d'étonnement en revoyant son jardin
paré des plus belles fleurs, et décoré
avec cet art que nous tenons des An-
glais, et qui n'étoit pas encore connu
dans les montagnes du Dauphiné. Ce
bosquet, qui sembloit être crû dans la
nuit, lui rappella ceux du château de
Lieursaint; et ce rapport lui donnant
de douloureux souvenirs, empoisonna
le premier moment de sa jouissance.
Mais l'amour écarta bien tôt ce nuage;
et l'idée que Robert s'étoit occupé,
pendant son absence, de lui faire cette
surprise, lui causoit un plaisir dont
elle ne pouvoit se défendre. Elle voulut le lui témoigner, en arrangeant le
déjeûner dans le joli jardin qu'elle lui

devoit; et, en un instant, elle eût préparé les laitages les plus délicieux, et
arrangé les plus beaux fruits du verger, dont elle couvrit une table qu'elle
avoit portée dans ce joli bocage. Ce
fut à regret qu'elle le dépouilla de
quelques-unes des fleurs qui l'embellis-
soient, pour en entourer les mets
simples, et cependant délectables,
que la nature et ses soins alloient offrir
à sa mère, ... à son doux ami......
Elle contempla un instant le bosquet,
où, bientôt assise à ses côtés, elle le
verroit lui sourire; et son déjeûner ne
lui parut pas assez agréable: cependant, le doux parfum et les vives
couleurs de la violette et de la jacin-
the, qui relevoient la blancheur
éblouissante de la nappe de lin qu'elles
jonchoient, l'eussent rendu digne des
habitans de l'Arcadie..... Ensuite Hé-

lène se détermina à rentrer; et sans
paroître rien savoir, elle engagea son
aïeule à venir respirer l'air, qui est
doux, lui dit-elle, comme au mois de
Mai. Robert lui offre son bras, et est
enchanté en voyant son amie prendre
la route de son jardin. Mais, qui
peindra son plaisir, à la vue du charmant déjeûner qui les y attendoit, et
que son cœur lui dit qu'on avoit
arrangé pour lui! La bonne Marguerite
ne pouvoit revenir de son étonnement.
— Convenez ma mère, lui dit Hélène, que je suis une fée. J'ai souhaité
que ce terrein inculte devînt un bosquet délicieux, et en me reveillant je
l'ai trouvé paré de fleurs nouvelles:
vous conviendrez que je ne pouvois
pas moins faire, pour marquer ma
reconnoissance au génie bienfaisant
qui a rempli mes vœux, que de lui

donner, dans ce délicieux asile, le repas de l'amitié. En prononçant ces mots, elle jetta sur Robert un regard si touchant qu'il en fut pénétré; ne se possédant plus, il tomba à ses pieds, et saississant sa main, il la couvrit de baisers. — Oui, vous êtes une fée, ma chère Hélène; mais, il est simple que vous fassiez naître des fleurs la beauté les répand sur la vie des mortels assez heureux pour en mériter un regard! — Ce sont des complimens trop recherchés, monsieur Robert, pour une paysanne; relevez-vous, je vous en supplie, vous me mettez dans un embarras que je ne puis vous exprimer. — Non, je ne me releverai point que vous ne m'ayez permis d'espérer, ou prononcez mon arrêt!—Levez-vous levez-vous! mon cher Robert, interrompit, en riant, la bonne Marguerite ; si ce n'est que de l'espoir que vous voulez, regardez la ; voyez sa mine moitié bien aise, moitié fâchée, ses yeux baissés, ses joues plus vermeilles que la rose ; et avec tout cela vous n'auriez pas d'espoir ! mille paroles n e vaudroient pas ce que sa physionomie exprime ! — Ah ! ma mère, ma mère, que vous me faites de mal ! si vous saviez ! — Eh quoi ! je sais que la décence ne te permet pas de dire oui, quatre mois après la mort du pauvre défunt ; mais l'année passera, Robert aura son congé ; et je n'éprouverai pas le chagrin, en mourant, de te laisser seule sur la terre. — Seroit-il vrai, chère Hélène ? — Allons, laissez-la tranquille, et déjeûnons. La pauvre petite veuve ne savoit ce qu'elle faisoit ; elle répandoit la crême, oublioit d'of-

frir des marrons, ses yeux cherchoient
à éviter ceux de Robert, et cependant
les trouvoit toujours. Son ami, ivre
de joie, n'osoit presqu'en croire la
bonne vieille, ne voulant pas s'obstiner
à demander ce qu'on vouloit lui cacher : c'étoit à la bonne Marguerite
qu'il exprimoit ses sentimens pour sa
petite-fille; et l'amour, réchauffant de
son flambeau les derniers jours de
cette excellente mère, sembloit la
rajeunir. Je veux, dit-elle, ne plus
quitter ce jardin; ce printems est peut-
être le dernier qui me reste, je n'en
veux pas perdre un jour. Elle tint
parole : depuis cet instant, elle restoit
sans cesse dans le jardin dont Robert
rénouvelloit les fleurs. Souvent, oubliant le rôle qu'il vouloit jouer, il
négligeoit les travaux de la campagne
pour se livrer à son goût pour les

muses, et lisoit à ses amies, pendant qu'elles travailloient, nos meilleurs poëtes, qu'il avoit su se procurer à la ville voisine. Il étoit enchanté de la manière saine dont Hélène les jugeoit, et sur-tout de l'expression de l'ame qu'elle mettoit dans quelques scènes qu'elle déclamoit avec lui. D'autres fois, il lui accompagnoit sur la flûte des romances auxquelles sa voix, aussi touchante que juste, donnoit de nouveaux charmes. Frédéric, qui étoit beau comme l'amour, sourioit à ces doux accords. Oh! jours heureux de l'innocence et des plaisirs, pourquoi n'êtes-vous qu'un instant dans la vie?

CHAPITRE X.

L'incendie

Un soir, Philomèle faisoit entendre ses sons mélodieux; et tandis que les autres oiseaux se livroient au sommeil, lui seul veilloit pour charmer sa compagne. Restons-ici, dit Marguerite, j'ai tant de plaisir à entendre le rossignol! L'année prochaine il viendra chanter sur ma tombe. Mes enfans, je veux être enterrée à cette place, au pied de ce beau lilas dont les fleurs embaument l'air; je veux que vous y veniez chaque jour répéter le serment de vous aimer sans cesse. Et Hélène soupira, et de la pensée de perdre, avec son aïeule, sa seule amie, et de l'idée que jamais elle ne seroit unie à

Robert! Cependant elle, n'osoit le dire
à Marguerite, qui ignoroit les raisons
qu'elle avoit de ne pas consentir à ce
mariage. C'étoit un secret qui pesoit
sur son cœur, mais qu'elle n'auroit
pu trahir, sans déchirer ceux qu'elle
aimoit. Il falloit donc mieux souffrir
seule, que de les affliger.

Que cette soirée est belle, disoit
Marguerite, elle ressemble aux derniers jours de ma vie! Quel calme!
quelle fraîcheur ! On ne sent que le
souffle léger du zéphir, on n'entend
que le murmure du ruisseau ; ainsi
mon ame tranquille, n'a que de doux
souvenirs. Que de grâces n'ai-je point
à rendre à Dieu, qui ma donné une
si longue et si heureuse carière! Mon
enfance, dont je me souviens à-peine,
s'est passée doucement auprès d'un
père et d'une mère vertueux. Comme

ils n'avoient que moi d'enfans, ils
n'ont rien négligé pour me donner
une éducation plus soignée qne celle
qui convenoit à mon état. On leur
disoit, cela la rendra fière, elle ne
voudra pas se marier à un paysan :
mais l'amour en décida autrement.
Parmi les ouvriers que mon père em-
ployoit à sa forge, il y en avoit un qui
me plaisoit. Nous fûmes bien long-
tems à nous entendre, encore plus
à en convenir avec mes parens. Enfin
ils consentirent à notre union, et nous
avons vécu quarante ans, sans avoir
eu l'apparence d'une querelle : sa mort
a été le seul malheur que j'aie éprouvé,
Je crus mourir : mais la tendresse de
mes enfans, et le tems adoucirent mes
regrets. D'ailleurs, la certitude de rejoindre un jour mon époux, m'a
donné le courage de supporter cette

douloureuse absence. Les dix enfans qu'il m'a laissés, ont tous prospéré, et aucun n'a fait une action méprisable. Leur nombreuse famille a suivi leurs traces, les hommes sont la probité et la loyauté même, les femmes des exemples de vertu ; et toutes mes filles, belles et sages, comme Hélène, font la gloire et le bonheur des familles où elles sont entrées. Ainsi, mon cher Robert, c'est un grand présent que je vous ferai. J'en sens tout le prix, disoit le jeune homme. Pour Hélène, confuse, embarrassée par les discours de son aïeule, elle s'estimoit heureuse que l'obscurité cachât la rougeur dont son front étoit couvert ; quand, tout-à-coup, les ténèbres firent place à la lumière la plus vive. Dieu ! que vois-je ? dit Robert, le feu est dans le village ! et laissant Mar-

guerite aux soins de sa fille, il fr...
chit la haie et vole au secour...
infortunés. Hélène frémit des r...
dont ses voisins sont menacés, et q...
faute de secours, elle peut partager.
mais elle est bien plus inquiète que
Robert n'expose ses jours; elle presse
doucement son aieule de gagner sa
maison, où il n'y a pas de danger que
le feu parvienne; le vent ne portant
pas de ce côté. Marguerite qui voit
bien qu'elle est le sujet des allarmes
de sa petite-fille, cède à sa prière, qui,
après l'avoir aidée à se mettre au lit,
ferme la porte et vole du côté de l'incendie. Robert y étoit arrivé bien
avant elle. Quel terrible spectacle s'étoit présenté à ses yeux! . . . . Le
feu avoit pris dans un grenier à foin,
et l'on ne ne s'étoit douté du danger,
que lorsque le toît embrasé avoit
en

en croulant, laissé un libre passage aux flammes, qui s'élevoient avec tant de violence, qu'il y avoit peu d'espoir de sauver les malheureux maîtres de la maison. Là, nulle industrie ne venoit à l'aide des bras; à peine trouvoit-on des seaux, des échelles. On avoit perdu la tête, chacun couroit au hazard; et on laissoit une famille entière ensevelie sous les débris de leur cabane embrasée, sans leur porter du secours. Déjà le feu, avec la rapidité de l'éclair, se communiquoit aux chaumières voisines, dont les tristes habitans fuyoient en emportant le peu qu'ils pouvoient de leurs effets, laissant en proie aux flammes leurs meubles et leurs bestiaux. Cependant, les cris de ceux qui sont en sevelis dans la maison où l'incendie s'étoit déclaré, attestoient qu'ils exis

ₜoient encore. Robert arrive, et rassem-
blant à l'instant les jeunes gens ; il leur
dit : Quoi ! mes amis, laisserons-nous
périr ces infortunés ? et s'élançant au
milieu des flammes, il parvint à en
arracher un vieillard qui s'étoit traîné
jusqu'à sa porte. Il est suivi par ceux
que sa voix a réunis, et, en un quart-
d'heure, tous sont sauvés. Quand il eut
satisfait ce premier mouvement de son
cœur, il s'occupa de préserver le village d'une destruction complette : prenant indifféremment les femmes, les
enfans, les vieillards, il en forme une
chaîne depuis le ruisseau jusqu'au
foyer, qui menace d'embraser tout
Valarçon. Alors peu de vases suf-
fisent pour y faire parvenir de l'eau.
Mais il restoit du bâtiment que les
flammes avoient dévoré, une poutre
qui étoit appuyée contre le pignon

d'une grange remplie de grains, seul
espoir de cette malheureuse famille ;
et si le feu s'y étoit communiqué, il
auroit infailliblement gagné le reste du
village. Les charpentiers ne vouloient
point y monter ; car il n'y avoit
d'autre moyen de couper le feu que
de marcher sur cette pièce de bois
jusqu'à l'endroit où elle brûloit, et de
la séparer, à coups de hache, de la
partie qui tenoit à la grange. Pour y
parvenir, il y avoit mille risques à
courir ; on pouvoit être étourdi par les
tourbillons de flammes et de fumée
qui s'élevoient des décombres : les
mortaises, qui la retenoient du côté
opposé, desséchées par le feu, pouvoient se rompre ; et alors celui qui
se dévoueroit à cet acte de courage,
périroit infailliblement dans les flammes. Ainsi, les prières, les menaces

ne purent engager aucun ouvrier à
s'exposer à ce péril. Robert, n'écou-
tant que son courage et l'amour de
l'humanité, appuie une échelle contre
la partie de la charpente que les flammes ont respectée, et s'avance d'un
pas intrépide sur cette poutre, dont le
milieu est à demi consumé. Dans cet
instant, Hélène accouroit à cette scène
de désolation. Elle apperçoit un jeune
homme frappant à coups redoublés
la poutre qui est prête à céder à ses ef-
forts : elle cherche Robert, ne le trouve
point ; et son cœur lui dit que lui seul
est capable d'une si généreuse témé-
rité. Cependant, elle demande en
tremblant quel est celui dont les jours
sont en si grands dangers. C'est le
brave Robert, répond un charpentier;
il fait ce que je n'avons pas osé faire,
et c'est lui qui sauvera le village. Hé-

lène qui, à cet instant, voit la poutre
se briser, n'en entend pas davantage,
et tombe à terre sans mouvement. En
effet , la partie sur laquelle Robert
étoit soutenu avoit fui sous ses pieds,
et alloit l'entraîner dans le feu, si, aussi
leste que brave , il n'avait pas pré-
venu cet horrible danger, en s'élançant au-delà du foyer. Il tomba sur des
matelats que l'on avait retirés des maisons menacées des flammes. A l'instant, il est environné de tous les habitans de Valarçon, qui le nomment
leur libérateur , et s'empressent de savoir s'il n'est point blessé. — En aucune manière , mes amis , nous n'a-
vons plus rien à craindre, et en con-
tinuant à jeter de l'eau, nous sommes
bien assurés que le feu ne fera plus de
progrès. L'enthousiasme que l'action
de Robert avoit inspiré , la crainte

qu'il n'en fût la victime, avoit porté
tout l'intérêt sur lui; mais bientôt on
se rappela la pauvre Hélène que l'on
avoit laissée dans un état voisin de la
mort, et les femmes revinrent à elle,
tandis que les hommes félicitoient son
amant d'avoir échappé à un aussi
grand danger. Elles la trouvèrent dans
le même état, les lèvres décolorées,
les yeux fermés, une sueur froide
découlant de son front. Justine qui
est la proche voisine de Marguerite,
la prend dans ses bras, la réchauffe,
et devinant la cause de son évanouis-
sement, lui crie : Eh bien ! il n'est pas
mort; pardi, ils se portions mieux
que vous. Allons donc, Hélène, re-
venez à vous, Robert va venir, il est
là tout près. Au nom de Robert, Hélène ouvre les yeux.— Où est-il ? Ah !
ne me trompez pas ; s'il est mort, je

ne lui survivrai pas. Oh! mon Hélène, est-il vrai que j'aie pu vous inspirer un si tendre intérêt? dit Robert, en se précipitant à ses pieds, et mouillant ses mains de larmes de joie. Où suis-je, reprit-elle avec l'air de l'égarement? Qu'ai-je dit? et dégageant ses mains de celles de Robert, elle se couvrit le visage. — Ah! ne me privez pas du bonheur de lire dans vos yeux que vous daignez répondre à l'amour le plus tendre. Ah! regardez-le donc, disoit Justine, ce bon M. Robert; savez-vous que l'on doit être fiaré d'avoir un pareil amoureux? Je ne sais pas si votre défunt valoit autant que lui, mais je savons bien qu'il ne pouvoit pas mieux valoir; et puis, vous êtes si jeune, pardi, vous ne pourriez pas rester veuve. Ce seroit bien dommage : vous n'en aimerez pas moins

Frédéric, mais vous lui donnerez des frères et des sœurs, et ce sera de la bonne race. Hélène laissoit dire à Justine tout ce qu'elle vouloit, car elle étoit si affligée d'avoir trahi son secret, qu'elle auroit voulu pouvoir le cacher à la nature entière. Robert, qui étoit affligé de son embarras, avoit trop de délicatesse pour ne pas chercher à l'en tirer. Ma chère Hélène, lui dit-il, vous avez beaucoup souffert, permettez que je vous reconduise auprès de votre grand'mère, qui est sûrement inquiète : allons l'assurer que le danger est cessé, puis je reviendrai aider ces braves gens, à qui le feu a tout ôté, à trouver un asyle. En effet, dit Hélène, je ne suis pas bien ; et ils regagnèrent la maison de Marguerite.

CHAPITRE XI.

Bienfaisance.

DANS le chemin, Robert ne dit pas
un mot à Hélène: celle-ci, tremblante,
était forcée de s'appuyer sur son bras;
enfin, ils arrivèrent, et entrant dans
la chambre de Marguerite, qui n'é-
toit pas encore endormie, ils lui ap-
prirent qu'il n'y avoit plus rien à craindre pour le village. Mais quand elle
sut par Hélène, car Robert n'en parloit pas, que c'étoit à son courage que
l'on devait le salut du pays, elle le
serra contre son cœur, et souhaita
que le ciel lui tînt compte de sa noble
générosité. Robert, dont la modes-
tie souffroit des éloges donnés à une
action qu'il trouvoit infiniment sim-

6*

ple, détourna la conversation en parlant de la triste situation où cet incendie alloit réduire ces pauvres cultivateurs. Ils n'ont plus, dit-il, un toît où se mettre à l'abri. Ils ont conservé leur grange, mais il faut payer le propriétaire, et on dit que c'est un nouveau riche, par conséquent un homme dur, qui n'en exigera pas moins impérieusement sa redevance; mais, d'ailleurs, quand ils auroient quelque remise, il n'en faut pas moins se loger, se vêtir. Quant à se loger, dit Marguerite; j'ai ici beaucoup plus de place qu'il ne nous en faut; vas leur dire, Hélène, qu'ils viennent, nous leur donnerons le logement et du linge jusqu'à ce qu'ils puissent s'en procurer. Elle a été trop vivement émue, reprit Robert, je me charge de les emmener; et sans attendre plus long-tems,

il courut les chercher. Ces pauvres
gens commençoient à revenir de leur
premier effroi; en appercevant Robert,
ils crurent voir un ange, et le com-
blèrent de bénédictions. Le village les
entouroit, les plaignoit, et leur of-
froit de venir, en se partageant, loger
chez les plus aisés ; mais aucun ne
l'étoit assez pour se charger de la famille entière qui consistoit en un grand
père, un père, une mère et sept enfans. Le presbytère eût été la seule
maison où ils eussent pu être tous
logés ; mais le curé étoit absent, et sa
vieille gouvernante ne vouloit pas prendre sur elle de leur donner une re-
traite. Mais quand Robert eut offert,
au nom de Marguerite, à ces malheureux de venir tous dans sa maison,
leur reconnoissance n'eut point de
bornes. Robert donna le bras au bon

vieillard qui fut aussitôt suivi de sa famille.

Pendant que Robert étoit allé les chercher, Hélène avoit préparé des lits et des raffraîchissemens. Soyez les bien venus, mes voisins, leur dit Marguerite en les voyant entrer : vous êtes ici chez vous. Ah ! ma voisine, répondit le vieillard, que Dieu vous rende tout le bien que vous me faites et à ma famille. — Vous m'en auriez offert autant, mon cher Mathurin, si le pareil malheur m'étoit arrivé ? — Cela est vrai. — Ainsi n'en parlons plus, et déjeûnons. Robert aida Hélène à servir leurs nouveaux hôtes ; le repas fut aussi gai qu'il pouvoit être dans les circonstances. A combien évaluez-vous la perte que vous avez faite ? dit Robert. — Au moins à cent louis ; mais en travail-

lant , nous pourrons , en quelques années , réparer ce malheur. Ah! bien
difficilement , disoit la bgue : car ,
enfin , il ne nous reste ni meuble , ni
linge, ni habit, et nous sommes dix
à nourrir. La providence ne vous
abandonnera pas , répondit Robert.
Il faut , disoit Marguerite , demander
des secours au département. — Ah!
c'est si long , si difficile , que nous se-
rions morts de misère avant de les avoir
reçus. Les lois sont bonnes , mais
l'exécution si lente! Il y avoit des abus ,
j'en conviens , dans l'administration
des biens ecclésiastiques ; mais ils au-
ront bien de la peine à remplacer ,
avec tout leur comité de bienfaisance ;
un bon curé chez qui son paroissien
alloit conter ses peines , et qui , d'abord,
lui donnoit ce qu'il pouvoit , puis se
chargeoit d'obtenir du seigneur le sur-

plús, et il y en avoit bien peu qui ne donnassent. C'étoit par orgueil, disoit-on ; mais le bien ne s'en faisoit pas moins : qu'importe le motif ? D'ailleurs, les autres croyent-ils que nous soyons dupes de leur prétendue égalité, et que nous les croyons sans orgueil? Ces gens qui ont abbattu tout ce qui étoit au-dessus d'eux, sans avoir élevé ce qui étoit au-dessous... Il est vrai, dit Robert, que la forme des gouvernemens change, mais les hommes ne changent pas ; et un Spartiate, mangeant sa boullie noire, avoit autant d'orgueil qu'un doge de Venise entouré de tout ce que les arts ont de plus brillant. Pour avoir un gouvernement parfait, il faudroit un ange qui eût fait les lois ; il faudroit plus encore, il faudroit des anges pour les exécuter. Ce qu'il y a de mieux est donc de se soumettre à celles de son pays, et de faire le plus de bien que l'on peut, sans s'embarrasser s'il y a, ou non, des comités de bienfaisance.

On passa la journée tranquillement. Le lendemain, Robert, et une partie du village, se mirent à travailler pour déblayer les décombres. On mit de côté les matériaux que le feu avoit respectés ; et en peu de jours, la place fut prête pour y reconstruire une autre maison. Mais il n'y avoit point d'argent, et, comme le disoit Mathurin, il falloit bien des années avant qu'ils eussent économisé ce qui étoit nécessaire pour bâtir et meubler. Il savoit bien que tant que Marguerite vivroit, il auroit un abri ; mais elle avoit quatre-vingt-dix-neuf ans passés : comment se flatter qu'elle eût encore de longs jours ? A sa mort, le bien seroit

divisé ; et qui assureroit à ces infortunés que celui des enfans de Marguerite qui hériteroit de cette maison,
voulût les y laisser? Aussi ne pou-
voient-ils se défendre d'un sentiment
de tristesse ; puis ils craignoient d'être
à charge : il leur restoit du pain ; mais
Hélène, d'après son cœur et la volonté
de son aïeule, préparoit chaque repas
pour les deux familles : le beurre, les
œufs, le lait, les légumes, tout étoit
en commun ; et quoique Marguerite
fut riche pour ce pauvre pays, il n'en
étoit pas moins certain que cela finiroit
par la gêner. Cependant, elle assuroit
ses voisins du contraire ; et secrètement elle avoit donné sa croix d'or et
ses boucles à Robert, pour, qu'en les
vendant, il pût acheter un cochon et
une vache, afin d'augmenter les vivres
en proportion des individus qu'elle

avoit à nourrir. Je ne les regrette,
disoit cette bonne mère , que parce
que je comptois les donner à ma petite
Hélène , quand elle se mariera avec
toi. Mais elle aura des parures de moins
et des bénédictions de plus ; l'un vaut
bien l'autre. Robert fut de cet avis,
et promit d'aller le lendemain à la ville
pour remplir ses intentions. Mais le
jour même , pendant qu'on étoit à
table, on vit entrer un homme d'une
figure respectable, qui n'étoit point
du village : il demanda si ce n'étoit
point à Michel Mathurin auquel il
parloit. Oui, dit le vieillard. Il lui remit un paquet cacheté, et sortit sur-
le-champ. — D'où cela vient-il ? et le
pesant : c'est lourd , dit-il. Toute la famille, les yeux ouverts sur le paquet,
attendoit avec une grande impatience
que Mathurin l'ouvrit. Mais il le tour-

noit, le retournoit, le pesoit encore,
et ne rompoit pas le cachet. Ouvrez-le
donc, mon père, dit la brue, impa-
tiente de ce qu'il ne finissoit pas. —
Un moment, ma fille, un moment.
Il faut bien s'assurer si c'est à moi ; et,
prenant ses lunettes, il lut : A Michel
Mathurin, cultivateur à Valarçon,
dans la maison de la mère Marguerite.
C'est bien à moi : Eh bien ! voyons
donc ? Il rompt enfin le cachet, et
trouve ne autre enveloppe, liée avec
de la ficelle, dont il essaie à défaire le
nœud. Coupez-le donc ! dit l'impa-
tiente Mathurine en lui présentant
des ciseaux. Le vieillard coupe le
nœud, développe le papier, et trouve
deux rouleaux de cinquante louis
chaque, avec ce billet d'une main
inconnue :

» Je viens d'apprendre votre mal-

» heur, recevez ces cent louis pour
» le réparer, et recevez-les avec d'au-
» tant moins de difficulté , qu'ils vous
» appartiennent originairement. Nous
» sommes de la même famille ; des
» partages inégaux vous ont fait tort
» de cette somme , ou plutôt à vos
» pères. Je me trouve heureux d'être
» à portée de vous faire cette restitu-
» tion. Ne cherchez point qui je suis,
» ne voulant point être connu ».

Pour celui-là , dit Mathurin en
ôtant ses lunettes, je ne m'y attendois
pas ; mais jamais cent louis ne vinrent
plus à-propos. Les enfans furent au
comble de la joie, tous se levèrent, et
vinrent embrasser leur grand-père.
Marguerite, Robert , Hélène, félici-
tèrent Mathurin. On se perdit en conjectures pour savoir où demeuroit
ce généreux parent, et personne ne
put l'imaginer.

Aussitôt le dîner, Mathurin et son
fils allèrent à la ferme, retinrent des
ouvriers pour reconstruire leur maison; les femmes, à la ville, pour acheter
de la toile , du drap , de la siamoise;
on se mit à travailler. Robert rendit à
la bonne Marguerite ses joyaux : car
Mathurin lui avoit déjà dit qu'il ne
consentiroit pas à lui être à charge
plus long-tems, et qu'il vouloit payer
sa dépense , ce que Marguerite eut
bien de la peine à accepter. En six se-
maines de tems , tout fut rétabli ; et
ces honnêtes cultivateurs étoient chez
eux. Avant la moisson , ils donnèrent
un grand repas à tout le village , où
l'on reparla de l'action courageuse de
Robert. Personne ne savoit que la
famille de Mathurin lui avoit encore
une grande obligation qu'elle n'ima-
ginoit pas ; car c'étoit de Robert que

venoient les cent louis donnés avec
tant de délicatesse.

A l'instant où il avoit été échangé,
passant par Hambourg, dans l'état le
plus déplorable, il alla chez un corres-
pondant de son père, qui lui avoit
donné une lettre de créance sur lui;
il prit deux mille écus: mais, crai-
gnant les brigands, il ne changea rien
à son costume, cachant soigneusement son or, jusqu'à ce qu'il fût
arrivé à sa destination. Le plan qu'il
forma pour plaire à Hélène, laissa
inutile cette somme, et il en avoit
très-peu dépensé lorsque le feu prit
chez Mathurin. Dès l'instant, il se
promit bien d'employer une grande
partie de ce qui lui restoit pour adoucir leur malheur. Mais il lui fallut le
tems de chercher les moyens de leur
faire remettre, sans que l'on se doutât

d'où elle venoit, cette somme si énorme
pour ce pays. Dans les différentes
courses qu'il faisoit aux environs, il
avoit fait connoissance avec un bon
curé, que les divisions d'opinion
avoient obligé de quitter son troupeau ; il vivoit seul dans une petite
chaumière au village d'Armincourt,
à cinq lieues de Valarçon. Cet homme
respectable parut à Robert digne de
remplir ses intentions, et le priant
d'accepter quelques louis, dont il savoit que ce ministre des autels avoit
grand besoin, il lui dit, sous le plus
grand secret, son projet pour Mathurin ; et nous avons vu de quelle manière ce saint homme l'exécuta. Personne ne le connoissant dans la famille, n'eût le moindre doute ; et Robert jouit du charme inexprimable de
faire des heureux, sans les charger
du poids de la reconnoissance.

CHAPITRE XII.

Résolution.

DEPUIS l'événement de l'incendie, les amours de Robert et d'Hélène n'étoient plus un mystère. Chacun, dans le village, hâtoit par ses vœux l'instant qui verroit unir l'homme le plus brave avec la plus sage des femmes. Les voisines de la petite-fille de Marguerite auroient envié son bonheur, si elles ne l'avoient pas aimée comme leur sœur. Mais elle étoit si bonne, si charitable, que son bonheur devenoit celui de tout le pays. Tout le monde étoit surpris, lorsque l'on lui parloit de Robert, qu'elle baissât les yeux, rougît et ne répondît rien. Justine qui, la première, avoit dé-

couvert son secret, lui disoit : Eh bien!
à quand la nôce? Jamais, répondoit
toujours la triste Hélène; je me dois
à mon fils, et une veuve qui a des
enfans, ne peut point se remarier. —
Bah! queu conte? est-ce que Marianne Tullot n'a pas déjà eu deux
maris? Thérèse Capiu est à son troi-
sième ; Véronique Chatelin a déjà
fait publier ses bans, et il n'y a que
six mois que son homme est mort;
et elles ont toutes, trois ou quatre
enfans. — Elles font comme elles
veulent; je ne blâme personne; mais
moi, je ne donnerai point un beau-
père à mon pauvre petit. — Et queu
mal cela lui feroit-il? au contraire, il
en seroit plus heureux. Qu'est-ce que
vous ferez, quand votre bonne grand'-
mère sera morte? — Je ferai ce que
je pourrai : Dieu est le protecteur des
veuves

veuves et des orphelins , et la providence viendra à mon secours. — La
providence! Je sommes bian persuadée
qu'elle existe; mais y faut prendre ce
qu'elle envoie ; on dit avec raison,
aides - toi, et je t'aiderai. Alle vous
envoie un beau et bon mari, avec qui
vous ne manquerez de rien ; si vous
le refusez , et qu'ensuite vous mou-
riez de faim , ce ne sera pas la faute
de la providence, mais la vôtre. —
Ma bonne Justine, ce que vous dites-
là est très-sensé ; mais il y a des circonstances dans la vie qui ne ressem-
blent point à d'autres , et ce qui seroit
prudence dans une, seroit folie dans
d'autres : vous m'obligerez de ne m'en
plus parler. Justine la quitta en haus-
sant les épaules , et ne comprenant
pas comment on pouvoit refuser Robert. Hélas! la pauvre Hélène le con-

cevoit encore moins ; et son cœur
parloit bien plus en faveur de Robert
que tout ce qu'on pouvoit lui dire.
Aussi les tourmens qu'elle éprouvoit
ne se pouvoient comprendre , et plus
elle dévoroit ses chagrins , plus ils prenoient sur sa santé. Marguerite la
voyoit dépérir, et en ressentoit les plus
vives inquiétudes.

Mon enfant, lui dit-elle un jour,
qui peut donc effacer les roses de ton
tein , tes yeux sont souvent couverts
de larmes ? T'ennuierois-tu dans ces
montagnes ? Regrettes-tu Lieursaint ?
et ton cœur se seroit-il donné aux lieux
qui t'ont vu naître ? Non, répondoit
Hélène, en poussant un profond soupir ; mais j'ai éprouvé un si grand
malheur, que la trace en est ineffaça-
ble. — Je conçois, ma chère Hélène,
que tu regrettes ton époux ; mais tu

es bien jeune ; l'amour de Robert te consolera. Ah ! c'est cet amour qui me désespère , je ne puis faire son bonheur ; je le lui ai dit , et il s'obstine à le faire dépendre de moi , de moi qui, morte au plaisir , ne vis plus que pour mon enfant. — Mais tu peux concilier ce que tu dois à ton fils et à l'homme qui t'adore. C'est impossible ; et cependant, je ne le cache point , Robert m'est cher ; je ne le verrois pas s'éloigner d'ici sans une peine extrême. — C'est un enfantillage que tout cela , ma chère petite ; et puisque tu n'as pas la raison de prendre le seul parti qui te convienne , je saurai faire pour toi ce que tu n'as pas le courage de faire. Enfin , j'ai donné ta parole , et Robert n'attend plus que la fin de ton deuil pour recevoir ta foi: j'espère que le ciel ne me

privera pas de la douceur de vous unir,
et qu'il prolongera ma longue carrière
encore de quelque mois , pour me donner ce plaisir. Hélène n'eut pas la force
d'ôter à son aïeule cet espoir; et dé-
cidée à n'être jamais à Robert , elle ne
voulut point se priver de quelque
tems de bonheur. Quand l'année sera
expirée, dit-elle , je partirai, j'empor-
terai mon enfant ; je ne tromperai
point celui que j'aime , je ne lui ai
rien promis.

Cette résolution lui donna plus de
calme.

Pour Robert , il n'étoit point sans
inquiétude : voulant consacrer à Hélène son existence , il desiroit au moins
la rendre heureuse ; et la tristesse qu'il
lui voyoit habituellement , lui faisoit
croire qu'elle conservoit pour la mé-
mémoire de son mari , tout l'amour

qu'il auroit voulu lui inspirer. Cependant, comment concilier cet amour pour des cendres insensibles avec celui qu'il avoit cru remarquer le jour de l'incendie ? Lorsque ses yeux se reposoient sur les siens , son regard étoit si tendre , qu'il étoit impossible qu'elle ne l'aimât pas. Rien n'étoit donc comparable à l'anxiété qu'il éprouvoit: et c'est ce qui , jusqu'alors , l'avoit empêché d'écrire à sa mère. Cependant, connaissant toute la tendresse qu'elle avoit pour lui , il se détermina à l'instruire de son retour en France , et de la raison qui le retenoit en Dauphiné. Cette lettre a été cause d'un événement si important dans l'histoire de nos amans , que je crois devoir la mettre sous les yeux du lecteur.

LETTRE

DE ROBERT A SA MÈRE.

Le 25 juillet 1795 (v. st.)

COMMENT oserai-je, ma mère, vous dire que je suis en France depuis le mois de Novembr? C'est avoir des torts dont-il séroit bien difficile d'espérer le pardon de toute autre que vous. Cependant, je n'ai jamais eu un aussi grand besoin de votre tendresse et de votre indulgence; et si j'ai différé de vous assurer de tous mes sentimens, ils n'en ont pas été moins vifs et moins sincères. Mais, entraîné par une passion irrésistible, je ne savois comment vous avouer que, résolu à tout lui sacrifier, je n'avois d'autre espoir de ne pas vous désobéir, qu'autant que vous daigneriez ne pas mettre mon obéissance à l'épreuve , en exigeant que je me séparasse de l'objet de mes plus chères affections. Prisonnier à Dresde , comme vous avez pu le savoir par une lettre que j'écrivis à mon père , j'ai langui près de deux ans dans les casemates de l'Empereur. Enfin, échangé au mois de Décembre dernier , je demandai à prendre ma route par Hambourg. Il me restoit pour toute fortune , car les ennemis m'avoient tout pris, ma lettre de crédit sur M. Alchman ; je me rendis chez lui. Il eût toutes les peines du monde à me reconnoître , tant j'étois changé. Enfin , mes traits lui revinrent , et la lettre de mon père , dont il connoissoit parfaitement l'écriture , lui donna confiance , et il me compta mes deux années de pension , m'engageant cependant à ne point laisser

appercevoir que j'avois une somme
d'argent considérable pour un soldat.
Je suivis son avis, et ne changeai
presque rien à mon costume. Avant
de quitter Hambourg, j'écrivis à mon
père : comme j'avois toujours désiré
de voir Lyon, je traversai la Suisse,
les Alpes, et je rentrai en France par
le pont de Beauvoisin, d'où je gagnai
Lyon. Je ne vous peindrai point les
sensations douloureuses que cette
cité, jadis si florissante, me fit éprouver ; je vis les plus beaux édifices renversés, les atteliers déserts, la haine
invétérée des deux partis qui étoient
sans cesse armés l'un contre l'autre,
et n'entendis parler que de meurtre,
d'emprisonnement : l'ame déchirée, je
sortis de cette malheureuse ville avec
plus d'empressement que je n'en
avois mis à m'y rendre. Les idées som-

bres que m'avoit donné ce théâtre de nos dissentions civiles, m'avoient inspiré une si profonde misantropie, que je résolus de voyager seul, et de parcourir les montagnes. Je m'engageai donc dans la partie septentrionale du Dauphiné, où je trouvai des hommes qui n'avoient nulle idée des mots nouveaux ; la révolution leur étoit presqu'inconnue, et il paroissoit qu'au moral, comme au physique, les orages étoient sous leurs pieds. J'errai assez long-tems de hameau en hameau, lorsque la nuit du neuf au dix Novembre, époque que je n'oublierai jamais, je m'égarai si complètement, que ce ne fut qu'à minuit que j'entendis un horloge, qui m'indiquoit que j'étois près d'un village. Il tomboit une neige fondue qui pénétroit de froid, et je n'avois pas

7 *

mangé depuis midi. J'eus donc une grande joie en appercevant une petite lumière qui me conduisit dans un souterrain où étoit une veillée. Là, Robert racontoit à sa mère la scène de son arrivée à Valarçon ; puis il ajoutoit :

Je vis un ange pour la beauté, les grâces, l'esprit. De ce moment, mon cœur vola au-devant du sien, et je sentis que j'aimois pour la vie. Six mois se sont écoulés, et chaque jour je l'aime davantage ; mon parti est donc irrévocablement pris de tout sacrifier au bonheur de vivre près d'elle. Je ne lui ai point dit qui j'étois; je jouis du bien suprême de n'être aimé que pour moi. Elle me croit pauvre, et d'un état égal au sien, ayant dit que mon père étoit vigneron. Elle est fille du meûnier de Lieursaint, veuve à

seize ans , d'un mari qu'elle regrette;
elle a un enfant qu'elle nourrit encore.
J'ai bien de la peine à la faire renoncer
à la résolution où elle étoit de ne se
pas remarier ; mais sa grand'mère,
qu'elle aime et respecte, m'a donné sa
parole qu'elle la détermineroit à m'é-
pouser à la fin de l'année de son
deuil. Je vois cet instant s'approcher
avec une impatience que je ne puis
exprimer. Je vous supplie, ma mère,
de m'envoyer votre consentement, et
d'obtenir celui de mon père, afin que
rien ne manque à ma félicité. Ne craignez pas que ma compagne vous
fasse rougir quand j'aurai le bonheur
de vous la présenter. Le hasard a voulu
que tout fut réuni en elle pour com-
bler mes vœux. Elle joint aux mœurs
pures du hameau, l'éducation la plus
soignée , ayant été élevée avec made-

moiselle de Senanges , dont le père
est seigneur de Lieursaint; et je vous
assure que , parmi nos dames de nouvelle création , il n'en est aucune qui
puisse se comparer à elle , et qu'elle
n'auroit point été déplacée dans les
cercles brillans de l'ancien régime.
Enfin , je suis sûre que vous aimerez
mon Hélène , et parce que je vous
suis chère , et parce qu'elle est digne
de mériter votre affection. J'attends
votre réponse, ma mère , avec la plus
vive impatience , pour apprendre que
vous me pardonnez un trop - long
silence , et que vous , et mon père ,
vous ne vous opposez pas à mes
vœux. Recevez l'un et l'autre l'assurance de la respectueuse tendresse
avec la quelle j'ai l'honneur d'être ,

ROBERT, volontaire de la 17e. brigade.

À Vatarçon, près-Gap, en Dauphiné.

Cette lettre écrite , notre héros éprouva un grand soulagement; il lui en avoit beaucoup coûté de laisser ignorer si long-tems à sa mère son séjour en France. Il l'aimoit tendrement; et jamais mère n'a plus mérité le respect et l'amour de son fils. Il estimoit son père; mais il n'avoit jamais senti pour lui cette tendre confiance qu'il avoit en sa mère. C'étoit un homme impérieux , aimant les plaisirs , le faste , mais peu susceptible des doux sentimens de la nature. Il n'y avoit rien qu'il estimât autant que sa femme ; mais il l'auroit sacrifiée à la première maîtresse dont il auroit eu fantaisie. Enfin , c'étoit ce qu'on nomme dans le monde , un galant homme; mais il étoit bien loin d'avoir les qualités d'un père de famille respectable. Robert étoit persuadé qu'il

ne lui enverroit pas son consentement.
Il avoit vingt - un an ; il pouvoit s'en
passer : mais , il desiroit celui de sa
mère, parce qu'elle étoit, après Hélène,
ce qu'il aimoit le plus au monde.

CHAPITRE XIII.

Fêtes.

La vie de l'homme n'est qu'un point dans l'éternité; et cependant il compte avec orgueil quelques années qu'il passe sur cette terre de douleur. Ses projets s'étendent bien au-delà du terme que la nature a mis à son existence, et il arrive au but, sans se douter qu'il a rempli la carrière; mais la mort n'est pas le plus grand mal qui l'attend. La vieillesse, les infirmités, sont plus douloureuses que cet instant qui les termine. La marche insensible du tems détruit, anéantit toutes les facultés de l'homme: réduit à une condition pire que celle des animaux, il n'existe plus que par la pensée, et encore est-elle obscurcie, et ressemble-t-elle au soleil, dans la saison des brouillards, dont les rayons ne percent qu'avec effort les nuages qui le couvrent. En cet état, l'homme inutile à ses semblables, en est souvent abandonné avec une inhumanité révoltante. Mais, ce crime, car l'ingratitude mérite ce nom, est bien plus fréquent dans les nations sauvages, que parmi les peuples civilisés. Ces hordes ne prisent l'homme que par la force physique : celui qui ne peut plus défendre les autres, ni se défendre, ne leur paroît qu'un inutile fardeau sur la terre ; et ses propres enfans terminent une vie qu'ils croient n'être pour lui que peines et douleurs. Dans nos sociétés, on laisse finir tristement le vieillard caduc ; mais de combien de dégoûts n'abreuve-t-on

pas ses derniers jours! Il est compté
pour rien; on le fuit; et si l'intérêt ou
le respect humain, exigent encore
quelques égards, combien est-il facile
de voir que le cœur n'y a plus de
part! Qu'il est cruel de survivre ainsi
à l'affection de ce que nous aimons!
et qu'ils doivent être tristes les jours
qui sont entre cet abandon et le tombeau! Il est cependant des êtres pri-
vilégiés qui conservent le feu céleste
dans un corps à demi-brisé, et inspi-
rent la vénération et l'amour à tout
ce qui les entoure: sensibles par souvenirs, s'ils ne le sont plus par sensa-
tion, ils compatissent avec bonté aux
maux que font les passions qu'ils n'é-
prouvent plus; et la joie de leurs enfans rappelle encore le sourire sur
leurs lèvres décolorées: reconnoissans
des soins qu'on leur rend, moins ils

exigent, plus ils sont sûrs de n'être point oubliés. Telle étoit la bonne Marguerite. Son cœur maternel avoit survécu aux années ; aussi trouvoit-elle dans ses petits-fils, et dans ses arrière-petits-enfans, tout le respect, toute la tendresse qu'avoient eus ses enfans pour elle. Il sembloit que la nature avoit voulu la dédommager de leur perte, et la garantir de l'isolement, compagnon d'une longue vie, en faisant renaître sans cesse des cœurs disposés à la chérir.

Deux jours célèbres dans l'année, le premier de l'an et le jour de Ste.-Marguerite, réunissoient autour d'elle tous ceux de sa famille qui habitoient la province ; et quoiqu'il y en eût de beaucoup trop éloignés du Dauphiné pour venir à ces deux fêtes, ils ne s'y rassembloient pas moins en grand

nombre, sur-tout à la Ste-Marguerite,
que l'on fêtoit à Valarçon le 16 Août.
On approchoit de cette époque, dou-
blement intéressante pour ceux qui
chérissoient la bonne Marguerite ,
parce que c'étoit aussi le jour de sa
naissance. Et cette année alloit offrir
presqu'un phénomène, en montrant
à la terre la vertu récompensée par
un siècle de bonheur, et entourée
d'une nombreuse postérité qui venoit
adresser des vœux au ciel , pour qu'il
prolongeât encore une carrière qui
avoit déjà passé le terme qu'il a pres-
crit à la vie humaine. Comme c'étoit
dans l'été , où la nature prodigue ses
bienfaits à ses vrais amis, et les fait
jouir de l'abondance , fruit de leurs
travaux, les hommes , les femmes,
et leurs jeunes enfans, pour qui, dans
ce beau tems , les chemins étoient

praticables , devoient bientôt arriver
chargés des dons de Pomone et de
Flore. Hommage vraiment digne de
leur intéressante aïeule.

Pour Hélène et Robert , ils étoient
occupés des préparatifs de ce grand
jour, depuis plus d'un mois. Le bosquet devoit être orné de guirlandes,
et illuminé en verres de couleurs,
spectacle nouveau à Valarçon ; aussi
nos jeunes gens se faisoient un grand
plaisir de la surprise qu'il causeroit à
ces bons habitans. On pense bien que,
dans ces douces occupations, l'amour
trouvoit son compte : tantôt c'étoit un
baiser que Robert voloit à son amie,
tantôt il feignoit de se laisser tomber
d'une branche, pour que la craintive
Hélène accourût à son secours; et
dans cette position , son œil indiscret
pouvoit découvrir des beautés que

l'on lui déroboit avec tant de soins.
Quelquefois, sous prétexte qu'il ne
sauroit attacher une guirlande avec
autant de grâce que la maîtresse de
son cœur, il l'engageoit à monter sur
un tertre; si elle ne pouvoit atteindre,
il la portoit pour l'élever; ses bras entouroient cette taille souple et arrondie.
Alors, il sentoit battre son cœur sous
ses doigts; Hélène disoit que c'étoit
de peur, et Robert ne doutoit pas
que ce ne fût de plaisir.

A ces jours d'une innocente liberté,
succéda l'impossibilité de se trouver
un moment seuls. Toute la famille
étoit réunie; et Hélène, occupée à
faire les honneurs de la maison de
Marguerite à ses oncles, ses tantes, à
ses cousins et ses cousines, n'avoit pas
un instant à elle. Elle avoit prié sa
grand'mère de ne pas parler du projet

de mariage entr'elle et Robert ; et elle
lui avoit gardé le secret. Cependant,
ses parens, en voyant chez leur mère
un jeune homme qui y paroissoit
établi, se doutèrent bien que c'étoit
un prétendu pour Hélène, et plusieurs lui en firent des plaisanteries;
elle y répondoit avec un embarras qui
confirmoit les soupçons. Aussi auroit-
elle bien voulu que la fête fût finie.
Malgré les égards qu'elle témoignoit
à la famille de son père, elle leur
trouvoit des manières si différentes
de celles de la société du château de
Lieursaint, où elle avoit été élevée, et
sur-tout de celle de Robert, qu'elle
avoit toutes les peines du monde à ne
pas laisser appercevoir de l'ennui et
de la contrainte. Ils la trouvèrent
froide et réservée, ce qui ne les dis-
posoit pas en sa faveur; d'autant

qu'ils étoient jaloux de la vive affection
que Marguerite avoit pour elle. Cependant, ils n'osoient pas témoigner
ouvertement leur mécontentement.

Enfin, le jour de la fête arriva. Hélène para son aïeule de ses plus beaux
habits. Un déjeûner splendide réunit
autour d'elle tous ses enfans : ensuite
on se rendit à l'église. Robert, et trois
des petits-fils de Marguerite, la por-
tèrent et la placèrent dans le chœur:
on commença l'office, où le curé fit
un discours touchant sur les avantages que procure, dans la vieillesse,
une vie vertueuse. Tous les yeux,
humides de larmes, se tournoient sur
Marguerite. Pour Hélène, son trouble
ne pouvoit être plus grand. Le por-
trait de la femme qui n'a jamais manqué à ses devoirs, et qui s'avance avec
calme et dignité jusqu'au dernier

terme de la vie , lui faisoit voir cet instant douloureux qui la sépareroit de son aïeule ; et la ramenant à de tristes réflexions sur elle même , la jettoit dans une affliction qui fut remarquée de ses parens. Ils lui en firent des reproches ; elle chercha à se commander ; mais il lui resta une impression de mélancolie que la fête ne put dissiper. Marguerite , pour honorer sa patrone , et par l'idée qu'elle avoit peu de jours à vivre , desira participer au sacrifice des autels. Elle resta, après cette importante action , longtems en prière, et ses enfans s'unirent à elle. On revint à la maison dans le même ordre ; et le dîner, où assistèrent le curé, le baillif et la famille Mathurin, fut égayé par les saillies de la bonne vieille. Semblable à une lampe près de s'éteindre , qui jette une lumière

plus

plus vive, de même elle n'avoit jamais
été si aimable. Au dessert, on chanta, et
Robert prenant sa flûte, accompagna
à Hélène cette romance de sa compo-
sition :

ROMANCE,

L'AMOUR peut seul embellir notre vie,
Son feu divin embrase l'univers :
Il a créé les fleurs de la prairie,
Dont il sait l'art de revêtir nos fers.   (*bis.*)

Point de bonheur pour l'ame indifférente,
Ne point aimer, seroit manquer aux Dieux:
Ils font d'amour une chaîne vivante
Qui réunit les hommes en tous lieux.   (*bis.*)

C'est de l'amour que l'hymen tient ses charmes,
C'est de l'amour qu'un père a pour son fils ;
Et c'est l'amour qui fait couler vos larmes,
Quand, du malheur, vous êtes attendris. (*bis,*)

Mais quand deux cœurs vivent sous son empire,
Et qu'il s'est plu à les former tous deux,
Ah! c'est alors, que leur brûlant délire
Semble les mettre au rang même des Dieux, (*bis,*)

Ces vrais amans n'ont plus qu'une même ame,
Rien ne pourroit jamais les séparer ;
Le même coup, de leurs jours, rompt les trames,
Et la douleur suffit pour la trancher. (*bis.*)

Le repas fini, on dansa. Les volets,
du côté du jardin, étoient restés fermés ; le soir, Robert les fit ouvrir :
on apperçut alors le bosquet illuminé
en verres de couleurs, et le chiffre de
Marguerite en transparent. Les bons
habitans des montagnes regardèrent
cette galanterie de Robert comme une
féerie ; et Marguerite qui, dans toute
sa vie, n'avoit rien vu de semblable,
fut enchantée, et dit : Il n'y a que
mon fils Robert qui ait pu exécuter
une si belle chose ! Les violons et les
cornemuses se firent entendre, et toute
la jeunesse du village entra , portant
des fleurs dont on environna la bonne

mère : elle ne savoit à qui répondre.
Tous l'embrassoient , souhaitoient
que , pendant bien des années encore,
ils pussent la fêter. Elle étoit dans une
espèce d'extase qui donnoit à sa physionomie quelque chose de céleste. Ses
sens, émoussés par l'âge , sembloient
être recréés pour la faire jouir , dans
toute son étendue, des plaisirs qu'on
avoit réunis autour d'elle ; que ces
fleurs sont belles , disoit-elle ! leur
parfum me fait éprouver une sensa-
tion que j'avois perdue depuis long-
tems. Ces beaux feux de couleur ré-
jouissent ma vue comme le coucher
du soleil faisoit dans ma jeunesse ; et
le son de ces instrumens me porte
tellement à la joie , que je regrette de
ne pouvoir me mêler à vos danses. En
retrouvant ces sensations , qui ne m'a-
voient pas émues depuis longues années,

je sens mon cœur battre aussi avec plus
de vivacité, et ma tendresse semble s'ac-
croître avec mon bonheur. Hélène !
ma chère Hélène ! j'ai bien des choses
à te dire, et à ton ami. — Appelle-le,
puis, venez tous deux près de moi,
pendant que les autres danseront, vous
vous réunirez ensuite à eux; mais j'ai
une raison importante pour ne pas remettre cet entretien.

CHAPITRE XIV.

Sommeil.

LA manière dont Marguerite pro-
nonça ces mots avoit quelque chose
de solemnel qui frappa Hélène ; elle
alla avertir Robert que sa grand'mère
le demandoit. Il arriva ; et cette respectable femme les ayant fait mettre
à genoux à chacun de ses côtés, leur
dit :

« Je vis encore, mais il est possible
» que je n'aie plus qu'un mois, qu'un
» jour, qu'une heure à vivre. Robert,
» je te remets Hélène comme le plus
» cher dépôt que je puisse te confier :
» toi, Hélène, cesse d'opposer à l'a-
» mour que ce brave jeune homme
» t'inspire, des préjugés ridicules ;

» loin que ce soit une action blâma-
» ble à une jeune veuve de se marier,
» elle est approuvée même par l'église.
» Promets - moi donc, si je ne vis
» pas assez pour voir la fin de ton
» deuil, d'épouser Robert, dès qu'il
» sera fini; promets-le moi, pour que
» rien ne trouble mes derniers momens ». — Pourquoi, ma mère,
empoisonner la joie de cette fête, en
me présentant la plus douloureuse des
images ? — « Elle ne doit pas l'être
» pour vous, mes enfans, et ce
» n'est pas à mon âge que la mort
» est un mal; mais, n'élude pas la
» promesse que je te demande; elle
» est nécessaire à mon repos ». Robert, avec toute l'impatience de la
plus violente passion, attendoit qu'Hélène répondit; et, par ses regards, où
se peignoient l'amour et la crainte, il

la supplioit d'assurer son bonheur.
Hélène, pressée par le desir de se con-
former à la volonté de sa mère , et
plus encore par son cœur, qui cependant ne l'aveugloit pas au point de lui
faire oublier l'obstacle qui s'opposoit
à son bonheur, s'exprima enfin en
ces termes : Je vous jure, ma mère,
par le respect et la tendresse que j'ai
pour vous, de rendre Robert l'arbitre
de mon sort. A ce mot , son amant
presse de ses lèvres sa main que Marguerite avoit mise dans la sienne. Cette
bonne mère les serre contre son cœur,
les embrasse , les bénit et leur dit : —
Me voilà contente à présent , et je
mourrai sans trouble. Je ne veux pas,
cependant, mon cher Robert, que tu
croies n'avoir rien à prétendre avec la
main d'Hélène : j'ai fait mon testament ; cette maison et les vergers qui

en dépendent , sont à elle ; plus , une somme de trois mille livres , dont j'ai reçu le remboursement deux mois après l'incendie de Mathurin , et que je lui ai prêtée pour quatre ans : avec cela , mes enfans , sages et laborieux comme vous êtes , vous ferez une bonne maison. Tout ce qui est ici est le fruit de mes économies ; et mes autres enfans étant établis , n'ont pas besoin de cette habitation. D'ailleurs , n'oubliez pas que je veux être enterrée dans le jardin : là , montrant le bosquet où son chiffre étoit suspendu , puissiez-vous , tous deux , venir sur ma tombe parler de votre bonheur! Mais je ne veux pas plus long-tems vous priver de danser ; allez, mes amis. — Nous sommes si bien auprès de vous. — Nous nous reverrons plus tard. Tiens , Hélène , avance cette guirlande, passe-là-sur mon épaule, afin que l'odeur des fleurs me parvienne mieux. Robert et son amante rassemblèrent autour d'elle tous les bouquets. Je crois, dit-elle, que je vais dormir, mes yeux s'appesantissent; mais que cela n'empêche pas de danser; au contraire, en s'endormant, le bruit des instrumens devient plus doux, et le plaisir qu'il procure, se prolonge dans le sommeil: ils la baisèrent au front et furent se mêler aux danses de la vive jeunesse. Robert auroit bien voulu qu'Hélène lui répétât la promesse qu'il lui avoit faite; mais elle évita de se trouver seule avec lui.

Cependant, au bout d'une heure ou deux, Hélène, qui craint que son aïeule ne soit fatiguée de dormir si long-tems dans son fauteuil, rentre

8*

pour lui proposer de se mettre dans
son lit avant le souper. Elle approche; elle la voit tranquille, les yeux
fermés et les mains jointes sur la poi-
trine. Elle la fixe avec attention; il lui
semble qu'elle ne respire pas. Un effroi
mortel passe dans son ame. Elle n'a
pas le courage de chercher à confirmer
ou à calmer ses craintes : elle appelle
une de ses tantes qui, prenant la main
de sa mère, la trouve glacée. Hélène
qui, les regards attachés sur ses mou-
vemens, ne voit que trop qu'il n'y a
plus d'espoir, fait un cri, et tombe
aux pieds de sa mère. Robert accourt.
Quel terrible spectacle pour son ame
sensible ! Il voit sa bien aimée sans
connaissance, et sa généreuse protec-
trice sans vie. Dès qu'il s'est assuré,
par ses propres yeux et par le rapport
de la fille de Marguerite, que tous soins

lui sont désormais inutiles, il ne s'occupe plus que d'Hélène ; et l'arrachant
d'auprès de celle qu'elle aimoit comme
sa mère, il la porte, aidé d'un de ses
cousins, dans sa chambre, où on la
rappelle à la vie et à la douleur. Pour
sentir à quel point elle étoit vive, il
faudroit lire dans le cœur de la pauvre
Hélène, connoître sa position, dont
personne, à Valarçon, n'est instruit.
Ah! Robert dit - elle en ouvrant les
yeux, est-il donc vrai que je l'aie perdue sans retour, et que vous me res-
tez seul au monde ? Il ne lui répondit
que par ses larmes. Je veux la revoir
encore, s'écria-t-elle en sortant de
son lit ; et elle s'élança, malgré les
prières de son amant, dans la chambre de Marguerite, que ses filles venoient de poser sur son lit mortuaire,

Le curé, que l'on avoit fait avertir, récitoit des prières ; toute la famille pleuroit. Hélène seule ne versoit point de larmes : elle s'avance près de ces restes précieux, soulève le voile que l'on avoit mis sur sa tête ; puis, colant ses lèvres sur ce front où est encore l'empreinte des vertus qui caractérisoient cette femme admirable : O ma mère ! lui dit-elle, avec l'accent du désespoir, à présent, tu sais ce qui s'opposoit à la promesse que tu m'as demandée ; à présent, tu me juges : pardonne-moi ; et si mes malheurs te touchent, rappelle-moi à toi, je t'en conjure, et que nos cendres soient réunies comme l'étoient nos cœurs! Les esprits étoient si troublés que personne ne comprit le sens de ces paroles. Hélène, après les avoir prononcées , se mit à genoux près du lit de mort et y resta toute la nuit. Ce ne fut qu'au matin que l'on parvint à lui faire prendre quelque nourriture, à cause de son enfant, dont la vue rendoit sa douleur moins sombre. Elle versa quelques pleurs qui soulagèrent son cœur. On fit lecture du testament, qui mettoit Hélène en possession de la maison de Valarçon et du contrat sur Mathurin. Comme les autres héritiers craignoient , d'après le droit écrit, que leur mère n'eût donné davantage, ils ne se plaignirent point de cette marque de reconnaissance de leur mère pour celle qui avoit soigné ses derniers jours. On suivit aussi les intentions de la testatrice pour le lieu de la sépulture. Le curé bénit la terre où elle vouloit être déposée, et on plaça

·ses froides dépouilles dans le même
bosquet où elle avoit joui du dernier
printems. Robert l'entoura de fleurs;
et , chaque jour, Hélène alloit y prier
et répandre des larmes.

CHAPITRE XV.

Il se croit au moment du bonheur.

HÉLÈNE aimoit Robert, et l'habitude avoit encore fortifié le sentiment
qui l'unissoit à lui. Elle ne l'auroit
donc pas vu sans chagrin prendre
un autre logement que le sien ; et cependant , la décence ne permettoit
pas qu'une veuve de seize ans vécut
seule sous le même toît qu'un homme
de vingt-quatre. Elle proposa donc à
une de ses cousines , qui avoit été religieuse , et que les décrets avoient
forcé de quitter sa maison , de venir
demeurer avec elle. C'étoit une femme
de trente-cinq ans , d'un sens droit ,
dont la vie monastique n'avoit point
rétréci l'esprit , mais poli les manières :

aussi étoit-elle la seule des parentes d'Hélène dont la société pût lui convenir. Celle-ci pour l'engager à quitter le toit paternel, lui assura, sa vie durante, l'habitation dans sa maison, un verger, et, si Hélène mouroit avant elle, la rente des trois mille livres, en en conservant la propriété pour son fils et ceux qu'elle pourroit avoir. Elle avoit consulté Robert sur cet arrangement, qu'il avoit approuvé. La bonne religieuse fut très-reconnoissante de ce que sa cousine faisoit pour elle. L'acte fut dressé dès le soir; mais il fût fait secrètement chez le notaire, qui n'en donna pas lecture à la cousine; il lui suffisoit de savoir qu'il existoit. Trois jours après, tous les parens d'Hélène retournèrent chez eux, la confiant aux soins de madame Eulalie et de Robert. Celui-ci avoit

trop de délicatesse pour rappeller à
Hélène l'engagement qu'elle avoit
pris avec sa respectable aïeule peu de
momens avant sa mort; il attendoit
que sa douleur, plus calme, rendît à
l'amour ses droits; il s'occupoit à mériter la confiance et l'amitié de madame
Eulalie, à qui son ton et son esprit
plaisoit infiniment. Cette digne fille
ne tarda pas à juger que sa cousine
prenoit un tendre intérêt à Robert; et
elle ne pouvoit qu'approuver son
choix. L'amour n'étoit point étranger
à son cœur; c'étoit ce sentiment qui
avoit été le premier mobile de sa voca-
tion. Le fils du propriétaire de la ferme
que tenoit son père, l'avoit éperdu-
ment aimée; et Eulalie n'avoit pas eu
le courage de résister à l'impression
qu'il faisoit sur elle: mais, ayant appris
que, dans le même tems qu'il lui

peignoit ses sentimens comme devant être suivis d'un mariage honorable, ses parens faisoient publier ses bans à Gap, avec la fille d'un gentilhomme, elle se retira dans l'abbaye de Ste-Catherine, dans le Languedoc, où elle prit l'habit. Long-tems elle regretta un perfide qui l'auroit perdue ; mais enfin, le tems, et sur-tout la raison, la guérirent ; et elle étoit très-attachée aux devoirs de son état, lorsque les lois la forcèrent de rentrer dans un monde qu'elle avoit en quelque sorte oublié. Il lui fallut encore appeller l'esprit du christianisme à son secours pour supporter ce changement. Quinze ans passés avec des filles qui toutes avoient reçu de l'éducation, lui rendoient les mœurs respectables, mais rustiques, de ses parens très-désagréables; aussi se vit-elle avec une véri-

table satisfaction dans la société
d'Hélène et de Robert, qui avoient le
ton de la bonne compagnie : cette petite société étoit celle qui lui convenoit;
et, en pensant qu'un jour ils seroient
unis, elle s'estimoit heureuse de passer
ses jours avec ce couple aimable et
vertueux, et de les aider à élever les
enfans que le ciel leur donneroit.
Déjà le petit Frédéric s'accoutumoit à
elle, et passoit sans difficulté des bras
d'Hélène dans les siens; et cette mère,
aussi infortunée que tendre, voyoit
avec une douloureuse satisfaction
que son enfant, si elle mouroit, auroit
en madame Eulalie, une seconde
mère. A seize ans penser qu'on peut
mourir, le desirer même, prouve de
bien cruelles infortunes : telles étoient
celles qui accabloient la pauvre Hélène.
L'année de son deuil finissoit, et

Robert crut enfin pouvoir lui rappeller ses engagemens. Je ne les ai point oubliés , dit Hélène, et je les remplirai, vous serez l'arbitre de mon sort. — Eh bien ! chère et tendre amie, demain vous quittez ces habits noirs ; qui empêcheroit que le jour d'après nous ne fissions dresser le contrat ? Je suis majeur, et dans quatre jours, je puis-être le plus fortuné des hommes. — Vous n'entendez pas, mon cher Robert , le sens de mes paroles : en disant que vous serez l'arbitre de mon sort, ce n'est point dire que nous serons unis. Quoi ! s'écria Robert, et qu'elle puissance au monde pourroit s'y opposer ? — Vous, vous seul , mon ami. — Moi ? — Oui, vous même , et je ne pourrois m'en plaindre. — Dans quel trouble vous me plongez !..... Ah! Hélène! quel

charme trouvez-vous à tourmenter
un cœur qui ne vit que pour vous?
— Hélas! le ciel m'est témoin qu'il
n'est rien que je ne sacrifiasse à votre
bonheur; mais, vous seul pouvez
juger s'il est encore possible que je le
fasse, quand vous saurez mon fatal
secret. Cependant, vous ne douterez
point de l'excès de mon attachement,
quand, pour vous seul, je le trahis.
Oui, pour vous seul, car je ne l'ai pas
même appris à ma respectable aïeule.
— Ah! ma chère Hélène! qu'ai-je
besoin de rien savoir? Vous m'aimez,
je vous aime, tous les rapports qui
font le bonheur se trouvent entre nous.
— Il seroit impossible que je vous
épousasse sans que vous sachiez.....
J'ai donc écrit ce douloureux récit :
je ne me sentois pas le courage de
vous le faire; je vous le remettrai de-

main , et je le répète , vous serez l'arbitre de mon sort. — Le mien sera donc parfaitement heureux ! Madame Eulalie qui entra dans ce moment, finit cet entretien , et nos amans restèrent un moment en silence. — Je vous gêne peut-être ? dit-elle. Non, mon amie , répondit Hélène , jamais, jamais ; et vous devez assez compter sur mon amitié , pour être certaine que vous ne serez point de trop entre nous. Je ne me suis point permis, ajouta la bonne cousine , de vous faire aucune question ; l'intérêt que vous m'inspirez , me fait desirer que mes conjectures se réalisent. Je crois, dit Robert , qu'elles ne seront point trompées ; mais votre aimable cousine me fait attendre, depuis bien des mois, une décision dont dépend le bonheur de ma vie. — Vous prononcerez, mon cher Robert! — Eh bien! ma bonne cousine, dit-il en prenant madame Eulalie par la main, vous irez bientôt à la noce. — Ce sera, je vous jure, avec grand plaisir. On passa la soirée dans une douce intimité; et Robert, malgré ce que lui avoit dit Hélène, ne pouvoit imaginer que rien pût l'empêcher d'être son époux. La seule chose qui l'affligeoit, étoit de n'avoir point de réponse de sa mère. Dès le matin, il vint demander à Hélène l'important écrit qui contenoit son destin; elle le lui remit en tremblant : il le prit, sûr qu'il ne changeroit rien à ses projets; et s'asseyant à l'ombre des arbres verds qui entouroient la tombe de Marguerite, il lut le manuscrit qui contenoit le secret d'Hélène.

FIN DU TOME PREMIER.

TABLE

DES CHAPITRES

Contenus dans ce Volume.

FIN DE LA TABLE.

www.ingramcontent.com/pod-product-compliance
Lightning Source LLC
Chambersburg PA
CBHW070354090426
42733CB00009B/1408